Patrick Artus

AF853753

La nouvelle économie

Deuxième édition

Éditions La Découverte
9 *bis*, rue Abel-Hovelacque
75013 Paris

Catalogage Électre-Bibliographie

ARTUS, Patrick
La nouvelle économie. — Nouv. éd. — Paris : La Découverte, 2002. — (Repères ; 303)
ISBN 2-7071-3855-X

Rameau :	Internet : aspect économique développement économique : effets des innovations
Dewey :	330.1 : Économie générale. Théorie générale de l'économie
Public concerné :	2e cycle. Public motivé

Le logo qui figure au dos de la couverture de ce livre mérite une explication. Son objet est d'alerter le lecteur sur la menace que représente pour l'avenir de l'écrit, tout particulièrement dans le domaine des sciences humaines et sociales, le développement massif du photocopillage.

Le Code de la propriété intellectuelle du 1er juillet 1992 interdit en effet expressément la photocopie à usage collectif sans autorisation des ayants droit. Or, cette pratique s'est généralisée dans les établissements d'enseignement supérieur, provoquant une baisse brutale des achats de livres, au point que la possibilité même pour les auteurs de créer des œuvres nouvelles et de les faire éditer correctement est aujourd'hui menacée.

Nous rappelons donc qu'en application des articles L. 122-10 à L. 122-12 du Code de la propriété intellectuelle, toute reproduction à usage collectif par photocopie, intégralement ou partiellement, du présent ouvrage est interdite sans autorisation du Centre français d'exploitation du droit de copie (CFC, 20, rue des Grands-Augustins, 75006 Paris). Toute autre forme de reproduction, intégrale ou partielle, est également interdite sans autorisation de l'éditeur.

Si vous désirez être tenu régulièrement informé de nos parutions, il vous suffit d'envoyer vos nom et adresse aux Éditions La Découverte, 9 *bis*, rue Abel-Hovelacque, 75013 Paris. Vous recevrez gratuitement notre bulletin trimestriel **À la Découverte.**

© Éditions La Découverte & Syros, Paris, 2001, 2002.

Introduction

On appelle nouvelle économie un ensemble d'évolutions et de mécanismes que nous allons décrire dans ce livre : apparition de nouvelles technologies (de l'information et de la communication, notamment Internet), de nouveaux biens et services liés à ces technologies ; incorporation de ces nouvelles technologies dans les processus de production de l'ensemble des biens et services, y compris ceux de la « vieille économie » (automobile, chimie, transports…) ; réorganisation des entreprises autour de formes plus flexibles, modification de la nature des rémunérations, hausse des bourses… On date en général l'apparition de la nouvelle économie de 1992-1993, c'est-à-dire de la fin de la dernière récession aux États-Unis. On pourrait cependant avoir une vision différente. Comme on le verra dans ce livre, dès les années 1980 l'informatisation lourde a modifié l'organisation des entreprises, le niveau de qualification exigé, les inégalités salariales. Une première interrogation portera donc sur le caractère vraiment novateur ou non des années 1990.

Parallèlement, à ces évolutions, qui sont indéniables et surtout visibles aux États-Unis, on a observé dans ce pays la persistance d'une croissance forte, tirée par l'offre (par les investissements, l'augmentation des capacités de production) et surtout, à la différence des cycles d'expansion du passé, non inflationniste. Une croissance inflationniste s'interrompt, puisqu'elle conduit à une politique monétaire restrictive ; une croissance non inflationniste peut se poursuivre, puisqu'elle permet le maintien de taux d'intérêt bas.

Une première question, d'ordre macroéconomique, importante se pose donc : peut-on attribuer à la nouvelle économie la performance économique exceptionnelle des États-Unis jusqu'en 2000 ? Il faut, pour répondre à cette question, savoir distinguer entre les effets de la nouvelle économie et d'autres mécanismes : la bonne politique économique (le talent d'Alan Greenspan, le président de la Réserve fédérale), les prix bas des matières premières jusqu'en 1999…

L'autre problème essentiel, qui mêle macro et microéconomie, est de savoir en quoi consiste essentiellement la nouvelle économie et quelles sont les conditions pour profiter de ses bienfaits. On a parfois l'impression, en écoutant certains commentaires, que l'apparition de la nouvelle économie permet, sans effort particulier, d'obtenir un surcroît de croissance et de bien-être, ce qui serait merveilleux.

Cependant, pour savoir dans quelle mesure la nouvelle économie va accroître spontanément le bien-être, une analyse beaucoup plus précise de ses mécanismes et de ses effets est nécessaire.

On appelle productivité globale ou « résidu » la partie de la croissance de la production qui n'est expliquée ni par la croissance de l'emploi ni par celle du stock de capital productif (de machines) utilisé dans les entreprises.

La nouvelle économie a accéléré la croissance de 1992 à 2000 en raison du supplément d'utilisation de capital qu'elle a entraîné, mais sans en augmenter la productivité globale des facteurs (le progrès technique global). En ce sens, la nouvelle économie diffère nettement des autres découvertes technologiques du passé, comme l'électricité. Il sera important de se demander si, avec le temps, elle va se transformer en un cycle technologique habituel, ou si elle va garder cette caractéristique particulière, mais qui ne peut pas être une caractéristique de très long terme, de n'être qu'un facteur d'augmentation de l'investissement. Un supplément d'investissement stimule évidemment la croissance en stimulant la demande. Ce qu'on peut appeler « un pur progrès technique » consiste en ce que, pour les mêmes niveaux de capital et d'emploi, un supplément de croissance durable peut être obtenu. Nous nous interrogeons dans ce livre sur la vraie nature de la nouvelle économie : hausse transitoire des investissements ou hausse durable de la croissance.

La nouvelle économie a aussi modifié beaucoup de facettes de la situation économique : au niveau microéconomique, l'organisation et la nature des entreprises, le type de qualifications demandées sur le marché du travail, la valorisation des actifs financiers ; au niveau macroéconomique, la croissance de la productivité du travail et la croissance potentielle, le chômage d'équilibre, l'inflation, la circulation internationale des capitaux entre les pays avancés, et avec les pays émergents.

Il faut aussi évoquer, ce qui n'est pas souvent fait dans la littérature sur la question, les risques associés à la nouvelle économie et qui se sont réalisés pour certains en 2001 et 2002 : si la croissance plus rapide de la productivité du travail due au haut niveau d'investissement réduit les coûts salariaux, la hausse de l'intensité capitalistique accroît le coût du capital et il n'est pas certain, de ce fait, que le coût total de production et la situation financière des entreprises, soient améliorés à long terme. Les entreprises, face à la nouvelle économie doivent beaucoup investir et beaucoup s'endetter, ce qui peut être défavorable.

L'hétérogénéité entre secteurs de l'utilisation des nouvelles technologies et la plus forte demande pour le travail qualifié risquent d'accroître les inégalités. Enfin, l'apparition de biens, de services, d'entreprises, nouveaux peut conduire facilement à des erreurs de valorisation boursières portant sur les titres émis pour ces entreprises, dont les perspectives de croissance et de profitabilité sont très incertaines, avec le risque d'apparition d'une bulle financière.

Il faut donc sortir des généralités quant à la nature et aux effets de la nouvelle économie.

De façon paradoxale, on peut même se demander si la nouvelle économie existe vraiment. On assiste effectivement à un « bouillonnement » : création de petites entreprises, dépôts de brevets en forte hausse, formes nouvelles de financement, produits et services nouveaux, accélération de l'investissement, des gains de productivité du travail, de la croissance, réforme de l'organisation des entreprises, avec davantage de flexibilité, d'initiative... Il ne s'agit pas de nier cela, mais de se demander si on est en présence d'un véritable cycle technologique. C'est-à-dire d'une accélération durable du progrès technique et de la croissance même après que l'effort d'investissement ait cessé. Faut-il d'ailleurs assimiler nouvelle économie et flexibilité accrue, renforcement du pouvoir des actionnaires ?

Qu'a-t-on observé aux États-Unis avant la récession de 2001, pays sur lequel nous nous concentrons puisqu'il est beaucoup en avance sur les autres ?

Le phénomène majeur, qui sera détaillé plus loin, est la croissance très rapide de l'investissement productif des entreprises depuis la fin de la récession de 1990-1991, cette croissance se poursuivant jusqu'à la fin de 2000 (plus de 12 % par an en termes réels) et l'accélération des gains de productivité du travail, d'une tendance annuelle de 2 % au début des années 1990 à 3,5 % ou même 4 % à la fin des années 1990 et au début des années 2000. Ceci veut dire que si on tient compte de la croissance de la population active, la croissance potentielle est devenue très forte : 4 % par an environ.

Ces notions seront redéfinies plus loin. La productivité du travail est la production par salarié ; la croissance potentielle, la croissance réalisable à long terme sans engendrer de déséquilibres économiques, comme l'inflation.

Cependant, cette trajectoire économique n'est pas tenable à long terme : si l'investissement progresse de 12 % par an et le Produit intérieur brut de 4 à 5 %, soit le déficit extérieur des États-Unis va devenir considérable, soit la consommation va disparaître. Dans le long terme, l'investissement et le capital doivent accroître au même rythme que la production. C'est ici que s'introduit la réflexion sur le cycle technologique.

Le secteur de la nouvelle économie (télécommunications, Internet, fabricants d'ordinateurs et de logiciels...) représente 8 % du total de l'économie américaine ; et même si sa croissance est rapide, elle n'accroît la croissance d'ensemble des États-Unis que de 0,3 point par an.

Dans le reste de l'économie (les 92 % restant), la croissance de la productivité globale des facteurs (c'est-à-dire la croissance de la production qui est possible pour un capital et un travail donnés, le progrès technique pur) n'a pas accéléré beaucoup dans les années 1990. On observe un énorme effort d'investissement des entreprises, pour incorporer les nouvelles technologies à leur capital productif, et c'est essentiellement cet effort d'investissement qui provoque le supplément de croissance, aussi bien du côté de la demande (l'investissement augmente rapidement), que de l'offre (le stock de capital productif augmente de plus de 6 % par an en volume).

À nouveau, cette situation n'est pas tenable à long terme. Les États-Unis connaissent une très forte hausse de l'intensité capitalistique, c'est-à-dire du capital par salarié ou par unité produite, et si le coût du travail supporté par les entreprises diminue avec la rapidité des gains de productivité du travail, le coût du capital qu'elles subissent (charges d'intérêt sur la dette, amortissements) augmente très rapidement, ce qui n'est pas une bonne nouvelle. Pour qu'il y ait vraiment cycle technologique, il faudrait qu'à un certain moment l'accumulation de capital produise une accélération de la croissance de la productivité globale des facteurs, donc qu'il puisse y avoir croissance économique plus rapide spontanément, sans que le capital productif continue à s'accroître plus rapidement que le PIB.

Certains avancent alors que la nouvelle économie n'existe pas, qu'Internet n'est pas une innovation technologique à la hauteur des grandes inventions du passé (l'électricité, l'automobile, le téléphone, le moteur à vapeur...). L'une des raisons pourrait être que les nouvelles technologies de l'information se substituent à d'anciennes technologies, les remplacent mais ne sont pas vraiment un produit radicalement nouveau qui provoque un supplément net de demande et d'offre; une autre raison que les coûts d'installation, de fonctionnement, de gestion de ces nouvelles technologies sont importants, et l'emportent sur leurs apports.

D'autres soutiennent que les grandes inventions ont toujours nécessité beaucoup de temps pour engendrer un supplément de croissance. Pour que le moteur électrique accroisse la productivité globale des facteurs, il a fallu complètement reconstruire les usines qui fonctionnaient avec des moteurs à vapeur. Nous serions trop pressés de voir les effets de la nouvelle économie; quoi qu'il en soit, l'opposition entre le bouillonnement décrit plus haut, et l'absence d'accélération de la productivité globale des facteurs, à ce jour, est perturbante.

Si on est incertain sur la réalité de la nouvelle économie aux États-Unis, on doit l'être encore plus pour l'Europe continentale où les conditions nécessaires pour qu'elle se développe ne semblent pas réunies.

Le secteur de la nouvelle économie ne représente, en 2001 dans un pays comme la France, que 4% du PIB, pas plus qu'il y a 10 ans et sa contribution à la croissance globale n'est que de 0,1 point par an. Le taux d'investissement productif, dans la zone euro, est 40% plus faible qu'aux États-Unis, et le taux d'investissement en nouvelles technologies est 3 fois plus faible; les dépenses de recherche-développement en nouvelles technologies représentent 1 point de PIB aux États-Unis, 0,3 point de PIB dans la zone euro. Ceci explique pourquoi la productivité du travail n'accélère pas dans la zone euro (elle y progresse de moins de 2% par an).

La nouvelle économie exige pour l'instant on l'a vu, beaucoup d'investissement, et l'investissement reste faible dans la zone euro. Elle exige aussi beaucoup d'emplois surtout qualifiés, et ceci aussi pose problème dans la zone euro; aux États-Unis, le nombre d'emplois a pu progresser de 2% par an depuis presque 10 ans parce que la démographie est restée favorable et parce que le taux de participation (la fraction de la population en âge de travailler qui travaille effectivement) a crû continûment, et atteint aujourd'hui 74%. Il n'est que de 58% dans la zone euro, où de plus le niveau moyen de qualification de la population est plus faible qu'aux États-Unis; il pourrait donc aussi y avoir insuffisance de la ressource en main-d'œuvre en Europe. Ceci tient à la réglementation (départ précoce à la retraite, par exemple), à la présence de mauvaises incitations publiques (absence d'incitation financière ou fiscale à retourner sur le marché du travail, par exemple).

Il faut enfin mentionner l'importance des problèmes statistiques. La nouvelle économie a fait apparaître de nouveaux biens ou a modifié la performance, la qualité, des biens existants. Il n'est donc pas certain et nous reviendrons sur ce point, qu'on sache mesurer correctement les prix, donc la croissance réelle de la nouvelle économie. Le risque est la surévaluation des prix, par sous-estimation des progrès de la qualité, donc la sous-évaluation de la croissance réelle.

On voit donc l'abondance des incertitudes. D'abord, quelle est la partie de la nouvelle économie qui est la plus porteuse d'avenir ? Le commerce électronique, la production de logiciels, le téléphone ? La nouvelle économie, on l'a vu sur l'exemple des États-Unis, consiste-t-elle en un simple cycle transitoire d'investissement ou en un cycle technologique durable ? Les conditions sont-elles remplies pour qu'elle se développe vraiment en dehors des États-Unis ? Est-ce vraiment la nouvelle économie qui a permis que les États-Unis connaissent un cycle long de croissance forte, tirée par l'investissement, et sans inflation ? Ce livre tente de répondre à ces questions qu'on pourrait résumer ainsi : la nouvelle économie, ou une partie à identifier de la nouvelle économie, va-t-elle nous faire profiter d'un nouvel âge d'or de la croissance, après les Trente Glorieuses (1945-1975) ?

Les incertitudes au sujet de la nouvelle économie, qui sont évoquées cidessus, ont été évidemment renforcées par la récession et la crise financière de la période 2001-2002. Il est apparu clairement qu'il y a eu excès d'investissement à la fin des années 1990, que la rentabilité des entreprises n'a pas été fondamentalement améliorée par l'investissement en nouvelles technologies, que les excès financiers ont été massifs.

Les inquiétudes que nous avions en 2000 au moment de la rédaction de la première édition de ce livre, se sont donc avérées fondées. Par contre, on observe aussi dans la période récente le maintien de gains de productivité élevés, liés en partie aux investissements du passé, qui montrent que les effets de la nouvelle économie sur l'économie réelle sont bien présents. La récession de 2001-2002, que nous examinerons de manière détaillée, confirme donc le diagnostic que nous portions il y a deux ans sur la nature de la nouvelle économie.

I / Les différentes facettes de la nouvelle économie

Avant de nous intéresser aux mécanismes de la nouvelle économie, macroéconomiques ou microéconomiques, nous allons décrire la nouvelle économie, analyser ce en quoi elle consiste, à la fois d'un point de vue microéconomique et d'un point de vue macroéconomique.

La « nouvelle économie » est souvent assimilée au simple développement de l'usage par les particuliers d'Internet, des téléphones portables. Il s'agit en réalité d'un phénomène plus profond et plus général qui touche les entreprises, l'innovation, les processus de production de la vieille économie.

L'évolution technologique

Le développement de la « nouvelle économie » dans les années 1990 a été extrêmement rapide : le tableau 1 montre qu'en 1990, Internet n'existait pratiquement pas et que les hausses du taux de détention des ordinateurs et du taux d'utilisation d'Internet ont été parallèles depuis lors. Le tableau 2 montre

TABLEAU 1 — PÉNÉTRATION DE CES PRODUITS PARMI LES MÉNAGES AUX ÉTATS-UNIS (%)

	Ordinateurs	Internet
1990	23	1
1995	34	10
1999	57	33
2000	59	39
2001	65	40

Source : Salomon Smith Barney.

TABLEAU 2 — POURCENTAGE DE LA POPULATION UTILISANT INTERNET OU LES TÉLÉPHONES PORTABLES (2000)

	Internet	Portables
États-Unis	35 %	40 %
Scandinavie	46 %	72 %
Royaume-Uni	34 %	73 %
Allemagne	29 %	59 %
Espagne	14 %	63 %
France	14 %	49 %
Italie	19 %	73 %
Japon	37 %	53 %

Source : Salomon Smith Barney.

qu'à la fin des années 1990, les États-Unis ont perdu leur avance dans le développement de la nouvelle économie, du côté des particuliers, sur la plupart des autres pays avancés, en ce qui concerne Internet et sont en retard en ce qui concerne la téléphonie mobile. Si on abandonne le côté des consommateurs pour se pencher sur les entreprises, on voit la progression extrêmement rapide de leurs investissements en informatique, réseaux, télécommunications. On voit que, du côté des particuliers, on atteint une situation de fort équipement, et peut-être de saturation, en nouvelles technologies (tableau 3).

Le secteur des nouvelles technologies de l'information et de la communication (NTIC) Internet, télécom, commerce en ligne... s'est développé pour l'instant beaucoup plus rapidement aux États-Unis que dans d'autres pays

TABLEAU 3 — INVESTISSEMENT DES ENTREPRISES EN NOUVELLES TECHNOLOGIES AUX ÉTATS-UNIS (% DU PIB)

1985	1,2
1990	1,6
1995	2,7
2000	3,1
2001	2,8

Source : Salomon Smith Barney.

TABLEAU 4 — PART DES NOUVELLES TECHNOLOGIES DE L'INFORMATION DANS LE PIB (%)

	France	États-Unis
1990	4,8	6,2
1995	4,6	7,0
1998	5,1	8,3
1999	5,5	8,5
2000	6,0	8,7

Source : OCDE.

Nouvelles technologies

De quoi s'agit-il quand on parle des nouvelles technologies de l'information (NTI) ou des nouvelles technologies de l'information et de la communication (NTIC) ? Il s'agit des activités liées de près à la fabrication ou à l'utilisation des matériels informatiques ou de télécommunications.

Ces activités regroupent :

– des activités de fabrication : matériels électronique, informatique, de la communication ;

– des activités de fabrication de composants pour ces matériels ;

– des créateurs de contenus pour les sites Internet : flux, vidéo, multimédia, bourses en ligne ;

– le commerce et la location de ces matériels ;

– les services liés (télécommunications, services informatiques, conseil, traitement de données...) ;

– la réalisation de logiciels (accès Internet, logiciels informatiques).

(tableau 4). Sa taille n'est cependant que de 9 % à peu près du PIB, ce qui suggère que l'accélération de la croissance ne peut certainement pas être attribuée à ce seul secteur.

Ce point fait l'objet de débats; en effet, la productivité globale des facteurs (capital et travail) augmente très rapidement dans les secteurs qui produisent les nouvelles technologies (dans la seconde moitié des années 1990, 16 % par an pour les ordinateurs, 45 % par an pour les semi-conducteurs), ce qui contribue de façon importante à l'accroissement d'ensemble de la productivité globale. Nous reviendrons plus loin sur le débat entre ceux qui croient et ceux qui ne croient pas à une accélération de la productivité globale des facteurs en dehors du secteur qui produit les nouvelles technologies. La productivité globale des facteurs est la partie de la croissance de la production qui ne résulte ni de celle de la quantité de travail (de l'emploi) ni de celle du stock de capital. Cependant, la diffusion de NTI dans le reste de l'économie joue un rôle majeur comme nous le verrons ultérieurement.

Le développement de l'usage d'Internet par la population n'est en effet qu'un des aspects de la nouvelle économie. Le tableau 5 montre l'évolution du nombre de brevets déposés aux États-Unis depuis 20 ans : une première augmentation notable se voit durant la seconde moitié des années 1980, puis à nouveau un saut apparaît durant la seconde moitié des années 1990. La première période correspond à la phase d'informatisation traditionnelle, la seconde au développement des nouvelles technologies de l'information (NTI).

TABLEAU 5 — ÉTATS-UNIS : NOMBRE DE BREVETS (MILLIERS)

1980	66	1990	99
1981	71	1991	107
1982	63	1992	108
1983	62	1993	110
1984	73	1994	114
1985	77	1995	114
1986	77	1996	122
1987	90	1997	124
1988	84	1998	163
1989	103	1999	169

Source : OCDE.

Recherche-développement

Ceci suggère qu'on est bien en présence d'un cycle technologique aux États-Unis comme le confirme l'évolution des dépenses de recherche-développement des entreprises américaines (tableau 6) qui ont aussi beaucoup augmenté durant la seconde moitié des années 1990. En 2000, les entreprises américaines ont réalisé des dépenses de recherche-développement de 2,8 % du PIB, dont 1,2 % pour les NTI. Les chiffres correspondants pour la France sont 1,22 % et 0,37 %.

TABLEAU 6 — DÉPENSES DE RECHERCHE-DÉVELOPPEMENT (R & D) AUX ÉTATS-UNIS

Date	Ratio : R & D entreprises/ PIB	Ratio : R & D gouvt/PIB	Ratio : R & D total/PIB
1987	1,36	0,68	2,04
1988	1,37	0,62	1,99
1989	1,51	0,54	2,05
1990	1,47	0,51	1,98
1991	1,59	0,46	2,05
1992	1,57	0,41	1,98
1993	1,49	0,36	1,85
1994	1,71	0,90	2,61
1995	1,80	0,89	2,69
1996	1,87	0,85	2,72
1997	1,91	0,82	2,73
1998	1,94	0,79	2,73
1999	1,98	0,76	2,74
2000	2,08	0,75	2,83

Sources : OCDE, Banque AES, OCDE 2001, chiffres révisés à partir de 1994.

Il est remarquable que le cycle technologique a eu des effets tout à fait nouveaux sur l'organisation, la nature et le comportement des entreprises.

Les évolutions observées en France (voir INSEE, 2000) sont semblables qualitativement à celles observées aux États-Unis mais nettement moins impressionnantes quantitativement.

Le poids des nouvelles technologies de l'information et de la communication (NTIC) dans l'économie est passé de 3,5 % en 1980 à 4,5 % en 1990 et 4,8 % en 1999 : il n'y a pratiquement pas de progression dans la décennie 1990. La contribution à la croissance globale de ce secteur des NTIC n'est que de 0,4 point par an (plus de 1 point aux États-Unis).

Les investissements en matériels informatiques représentent, en France et en valeur, 6 % de l'ensemble des investissements des entreprises contre 30 % aux États-Unis. Le capital informatique, en France, ne représentait en 1997 que 2,6 % du capital total ; sa croissance (de 16 % par an en moyenne dans les années 1990) ne contribue qu'à une augmentation de 0,3 % de la croissance d'ensemble de l'économie française (contre 0,6 % aux États-Unis).

L'étude de l'INSEE a aussi l'intérêt de montrer l'hétérogénéité de la diffusion de l'informatique dans l'économie :

– les secteurs fortement utilisateurs (activités d'étude, de conseil, de commerce) représentent 27 % de la valeur ajoutée totale ;

– les secteurs moyennement utilisateurs (biens d'équipements, biens intermédiaires, énergie...) en représentent 23 % ;

– les secteurs peu utilisateurs (construction, métallurgie, services aux particuliers, industries traditionnelles, 50 %.

Cette hétérogénéité est une des causes de l'ouverture des inégalités salariales que nous analyserons plus loin.

Des comportements nouveaux d'entreprise

Le développement des nouvelles technologies de l'information a aussi fortement modifié la nature, l'organisation et le comportement des entreprises. Le tableau 7 montre l'explosion des créations d'entreprises (repérées par les introductions en Bourse) en ce qui concerne les entreprises technologiques plutôt cotées sur le Nasdaq, et pas les grandes entreprises traditionnelles cotées sur le New York Stock Exchange. La multiplication des entreprises nouvelles est donc un phénomène important nouveau. Les introductions en Bourse sont un bon indicateur des créations d'entreprises aux États-Unis puisque, dès qu'elles atteignent une taille suffisante, les entreprises innovantes sont introduites.

TABLEAU 7 — INTRODUCTIONS EN BOURSE AUX ÉTATS-UNIS (NOMBRE)

	Nasdaq	NYSE
1990	134	19
1991	320	49
1992	442	80
1993	520	97
1994	444	82
1995	476	72
1996	680	88
1997	494	87
1998	273	68
1999	485	49
2000	510	60

Source : Nasdaq.

Dans les grandes entreprises, l'organisation du travail a dû s'adapter à l'apparition des NTI. Aujourd'hui, 50 % des entreprises américaines ont des pratiques flexibles (équipes autonomes, équipes de projet, cercles de qualité) contre 20 % seulement en 1990 ; ce développement est bien contemporain de celui de la nouvelle économie. Il a été montré par de nombreuses études[1] que sans ces pratiques flexibles, les NTI n'amélioraient pas l'efficacité des entreprises. Ceci est simple à comprendre ; si par exemple, une entreprise reçoit en temps continu ses commandes sur Internet, il est nécessaire qu'elle puisse ajuster rapidement sa production, d'où le besoin de flexibilité.

Enfin, les NTI ont fait apparaître de nouvelles sources de rendements d'échelle croissants : mise en commun des plates-formes de passation ou de réception de commandes, gestion des *back offices*, c'est-à-dire des opérations informatiques nécessaires qui suivent les ventes, les opérations financières… L'existence de synergies nouvelles peut expliquer le développement très rapide des fusions acquisitions c'est-à-dire les regroupements d'entreprises à la fin des années 1990, après 15 années de stagnation (tableau 8) ; il est remarquable de voir l'effondrement de ces opérations pendant la récession de 2001.

Dans la plupart des cas, on s'aperçoit que la nouvelle économie a révélé l'existence de coûts fixes qui pouvaient être réduits par l'amélioration technologique : relations avec les clients et les sous-traitants, gestion des stocks.

Nous nous intéressons plus loin dans ce livre aux conditions d'apparition des nouvelles entreprises, des nouveaux biens et services. Comme on le verra, il est probable que sans la déréglementation, les incitations fiscales, le développement des marchés d'actions, la disparition des monopoles publics

1. Par exemple Bresnahan-Brynjolfsson-Hitt (1999).

TABLEAU 8 — FUSIONS ACQUISITIONS AUX ÉTATS-UNIS

	Nombre	Valeur (Mds $)		Nombre	Valeur (Mds $)
1980	1889	44,3	1991	1877	71,2
1981	2395	82,6	1992	2574	96,7
1982	2346	53,8	1993	2663	176,4
1983	2533	73,1	1994	2997	226,7
1984	2543	122,2	1995	3510	356,0
1985	3001	179,8	1996	5848	495,0
1986	3336	173,1	1997	7800	657,1
1987	2032	163,7	1998	7809	1192,9
1988	2258	246,9	1999	9278	1425,8
1989	2366	221,1	2000	11133	1740,0
1990	2074	108,2	2001	3800	819,0

Source : Réserve fédérale.

ou privés..., le développement de la nouvelle économie aurait été beaucoup plus lent. Elle s'est donc greffée, aux États-Unis, sur un milieu favorable à l'innovation et à l'initiative.

Le financement de la nouvelle économie

L'apparition des entreprises de la nouvelle économie a aussi provoqué la croissance extrêmement rapide de nouveaux modes de financement

– Dans un premier temps, les entreprises en création, en début de vie sont essentiellement financées par du capital-risque (*venture capital*) : au premier semestre 2000, 85 % du capital-risque est allé, aux États-Unis, à des entreprises au premier stade de leur existence ; 3300 entreprises ont ainsi été financées au premier semestre 2000 dont la moitié en Californie.

Le *venture capital* (capital-risque) consiste en financements réservés aux entreprises en création et innovantes, dont certaines d'entre elles échoueront. Il s'agit de financements apportés par des fonds spécialisés, des entreprises, des investisseurs institutionnels, et aussi des particuliers. Le développement du *venture capital* résulte d'une constatation simple : les entreprises innovantes en début de vie n'ont pas accès aux marchés financiers et ne peuvent pas obtenir de crédit bancaire. Si les entreprises ont une probabilité forte d'échouer, et si elles réussissent sont très profitables, il faut que le prêteur soit intéressé au résultat en cas de succès, ce qui n'est pas le cas avec le crédit bancaire.

En 1999, 4700 entreprises américaines ont reçu de l'argent d'investisseurs en capital-risque, pour 52 milliards de dollars contre 19 milliards de dollars en 1998, ce qui montre la vitesse d'accroissement de ce type de financement.

On s'attend à ce que, en 2000, près de 100 milliards de dollars soient apportés sous cette forme aux États-Unis aux nouvelles entreprises, au bénéfice de plus de 6 000 d'entre elles. En moyenne, chaque entreprise en création concernée reçoit entre 10 et 15 millions de dollars.

Les entreprises liées à Internet représentent la moitié des entreprises ainsi financées, suivies par les entreprises de communication et les producteurs de logiciels. Les autres secteurs (santé, biotechnologies) sont beaucoup mois importants à l'intérieur de ce type de financements.

Le capital-risque est apporté aux entreprises en création par des fonds spécialisés, qui sont aujourd'hui au nombre de 400 aux États-Unis et collectent des ressources dans le public (on parle de *venture capital funds* ou de *private equity firms*) ; les ressources collectées par ces fonds sont assez considérables : 67 milliards de dollars pendant le premier semestre 2000, en hausse de 50 % par rapport à 1999.

– Dans un second temps, les entreprises s'introduisent en Bourse pour poursuivre leur développement (on parle d'IPO'S, *Initial Public Offerings*), tableau 9.

On voit que la valeur des opérations a augmenté jusqu'en 1999, a beaucoup baissé au début de 2000 avec la correction boursière sur le Nasdaq.

La possibilité d'introduction en Bourse est importante : elle permet aux fonds de capital-risque de se retirer et assure donc la liquidité de leurs investissements. Le risque est évidemment qu'en cas de recul des bourses, cette possibilité d'introduction soit réduite.

TABLEAU 9 — NOMBRE D'INTRODUCTIONS EN BOURSE POUR DES ENTREPRISES AYANT EU DU FINANCEMENT EN CAPITAL-RISQUE

	Nombre	Montant (Mds. $)
1995	204	8
1996	280	12
1997	138	5
1998	78	4
1999	271	24
2000 1er sem.	54	4

Source : Nasdaq.

Le commerce électronique

Tous ces éléments montrent que la nouvelle économie ne peut pas être réduite à son élément le plus visible, le développement de l'usage d'Internet dans le public. Le fait que la nouvelle économie ne consiste pas seulement en l'usage d'Internet par les particuliers a été mis en évidence dans la période récente par les difficultés des entreprises Internet du *B to C* (*business to consumer*). L'idée qu'on peut vendre profitablement sur Internet des biens standardisés est sérieusement mise en doute. Il faut en effet non seulement collecter les commandes, mais aussi livrer les biens, ce qui nécessite des infrastructures dont seules disposent les entreprises de la distribution traditionnelle. Il apparaît maintenant que des opérations de *B to C* profitables ne concernent que des services spécifiques, apportant une réelle valeur ajoutée et relativement chers : recherche de biens rares, organisation d'enchères, services sophistiqués.

D'ailleurs, le commerce électronique (*E-Commerce*) *business to consumer* ne représente en 2000 que 0,48 % des ventes de détail aux États-Unis, 0,30 % en Allemagne, 0,14 % en France, 0,06 % au Japon et en Espagne.

L'avenir semble être plutôt celui de *B to B* (*business to business*) : l'utilisation d'Internet pour rendre plus efficaces les relations entre entreprises : mise en concurrence des sous-traitants, gestion des références des produits, des normes ; passation de commandes groupées. C'est grâce au *B to B* qu'apparaissent les synergies nouvelles évoquées plus haut et c'est aussi du *B to B* que naissent les énormes besoins nouveaux d'investissements informatiques que nous évoquerons plus loin.

La nature des entreprises a changé, avec l'apparition de nombreuses entreprises nouvelles de plus petite taille. L'organisation du travail a été profondément modifiée dans les grandes entreprises, des sources nouvelles de synergies sont apparues. On peut penser que l'efficacité productive globale s'est donc améliorée. Nous verrons plus loin que pour l'instant on a assisté plutôt à un mécanisme de substitution massive de capital au travail qu'à une amélioration forte de l'efficacité productive, mesurée par exemple par la productivité globale des facteurs.

Ce premier chapitre montre qu'il y a foisonnement : nouveaux biens et services disponibles pour les consommateurs, nouveaux investissements des entreprises, accroissement de l'effort de recherche, réorganisation des entreprises, adaptation des circuits de financement. Ce foisonnement est-il dû aux progrès technologiques ou à un environnement économique favorable ?

II / Performance économique des États-Unis : nouvelle économie ou chance ?

Une position assez consensuelle déjà évoquée dans l'introduction, semble être que la performance récente très favorable de l'économie américaine de 1992 à 2000, que nous allons décrire ci-dessous, est liée à la « Nouvelle Économie ». Celle-ci permettrait d'obtenir une croissance forte, non inflationniste, donc durable, puisque non interrompue par un durcissement de la politique monétaire qui répondrait à une inflation trop forte.

Cependant, d'autres thèses existent : la bonne performance macroéconomique des États-Unis avant la récession de 2001 pourrait provenir de la gestion de politique économique, d'un environnement international favorable. On avance en effet que la politique monétaire a permis de « piloter » l'économie américaine sur un chemin de croissance non inflationniste ; que le fait que les États-Unis aient eu une période de croissance forte alors que la croissance mondiale était faible a permis d'éviter les pressions inflationnistes ; que l'évolution des parités de change a été très favorable.

Quelle part de la « vertu » de la croissance américaine peut donc être raisonnablement attribuée à la nouvelle économie, indépendamment des autres facteurs explicatifs ? Ou bien attribue-t-on de façon indue trop de vertus à la nouvelle économie ?

Les faits : une croissance régulière depuis la fin de la récession de 1990-1992, sans pression inflationniste

Le graphique 1 montre l'évolution de la croissance aux États-Unis depuis 40 ans ; le graphique 2 celle des prix et salaires. Les États-Unis ont

GRAPHIQUE 1. — ÉTATS-UNIS : CROISSANCE DU PIB ET COMMERCE EXTÉRIEUR EN VOLUME (CROISSANCE ANNUELLE EN %)

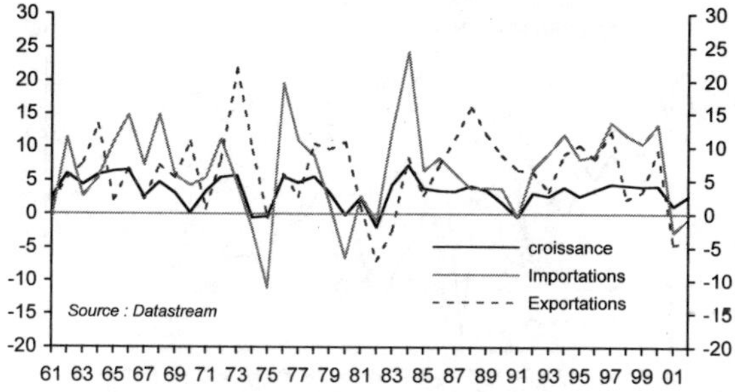

connu plusieurs périodes de croissance durable : de 1960 à 1968; de 1983 à 1989; de 1991 à 1999. La première période s'est achevée en 1970 avec un pic d'inflation (forte pour l'époque) à 5%; la seconde en 1990, aussi avec une inflation autour de 5%; la troisième en 2000 avec une inflation faible. Les poussées d'inflation de 1970 et 1990 suivent un léger redressement des prix des importations (voir le graphique 2), mais surtout apparaissent au moment où le taux de chômage devient très faible (moins de 4% en 1969, un peu plus de 5% en 1988-1989, voir graphique 3) et où les gains de productivité du travail aussi s'affaiblissent (ils disparaissent presque en 1969, sont de 1% entre 1987 et 1990). Il est remarquable qu'à la fin des années 1990, si on a un niveau de chômage très faible (inférieur à 5 %), il y a au contraire, et à la différence des cycles longs de croissance précédents, accélération des gains de productivité.

GRAPHIQUE 2. — ÉTATS-UNIS : INFLATION ET INFLATION IMPORTÉE (EN % PAR AN)

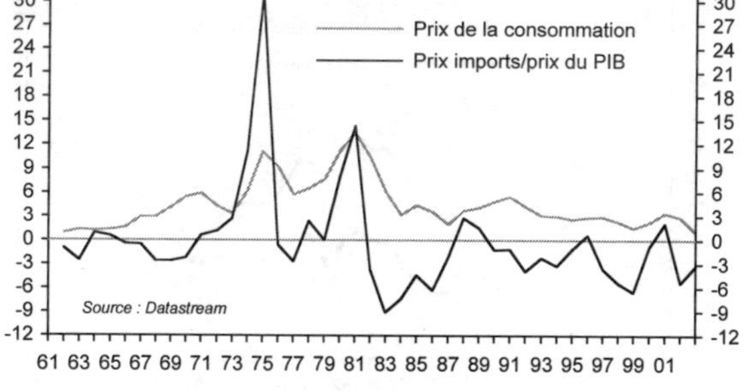

GRAPHIQUE 3. — ÉTATS-UNIS : PRODUCTIVITÉ, EMPLOI ET TAUX DE CHÔMAGE (EN %)

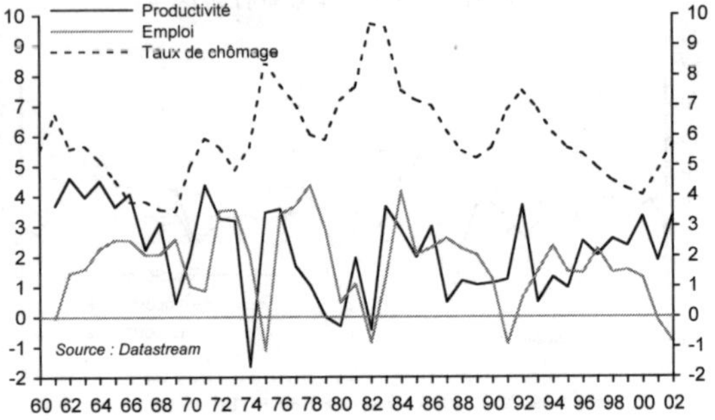

Le maintien d'un cycle long d'expansion sans inflation peut donc être raisonnablement, au moins partiellement, attribué à ce caractère atypique de l'évolution de la productivité du travail dans le cycle. Ce caractère atypique doit évidemment être relié à l'évolution de l'investissement : le graphique 4 montre une autre caractéristique remarquable de la décennie 1990 : la hausse forte du taux d'investissement productif jusqu'au pic de 2000 alors qu'il était resté stable dans le cycle des années 1960 et qu'il avait baissé dans celui de la période 1983-1989. On voit donc bien les raisons de la tentation de l'attribution à la nouvelle économie de la durée du cycle récent non inflationniste : il correspond à une situation, par rapport aux cycles passés, où il y a davantage de gains de productivité et en même temps davantage d'investissement productif. D'autres chiffres vont bien sûr dans le même sens : la part des nouvelles technologies dans l'investissement progresse sans cesse, le prix de ces nouvelles technologies diminue fortement…

GRAPHIQUE 4. — ÉTATS-UNIS : TAUX D'INVESTISSEMENT PRODUCTIF (EN %)

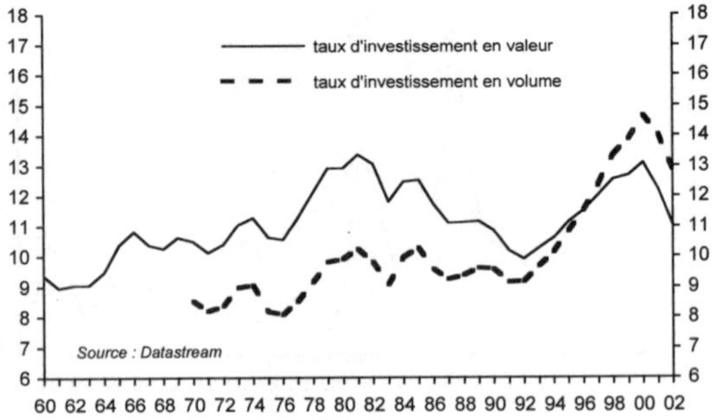

Nous montrons dans le graphique 4 le taux d'investissement en valeur (rapport investissement/PIB en dollars courants) et le taux d'investissement en volume (rapport investissement/PIB en dollars constants de 1995). Nous verrons plus loin la difficulté de la mesure des prix de l'investissement, d'où l'importance de vérifier que valeurs et volumes fournissent la même indication.

Il faut cependant rester prudent. D'autres variables représentant l'accumulation de capital ou le progrès technique n'ont pas aujourd'hui une évolution particulièrement favorable : le capital productif augmente certes rapidement (graphique 5), mais pas plus vite que de 1965 à 1974; la productivité globale des facteurs (le progrès technique) accélère un peu, mais ne croît pas plus vite que de 1983 à 1989 ou de1960 à1967, par rapport à la moyenne de longue période, la productivité globale a cru de 0,5 à 0,7 point par an sur la décennie 1990. De plus, on ne peut pas s'arrêter là et il faut regarder les autres facteurs de la bonne performance économique.

Graphique 5. — États-Unis : productivité globale des facteurs et capital productif (en %)

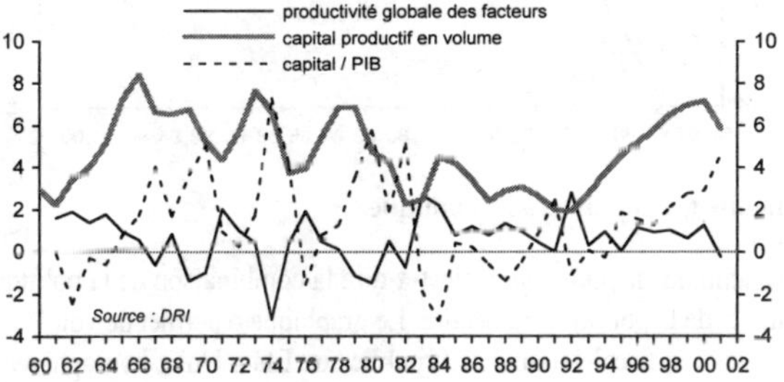

Le reste du monde et les prix mondiaux

Il est intéressant de voir (sur le graphique 2) que les trois périodes d'expansion longues aux États-Unis correspondent à trois périodes de baisse du prix relatif des importations, donc à trois périodes où le pays a profité d'une désinflation importée. Concentrons-nous sur le dernier cycle d'expansion. Avec la baisse du chômage, les salaires accélèrent progressivement et, en 1998, le salaire réel augmente de presque 3 %. Probablement, dans un environnement international neutre, ceci aurait conduit à un supplément d'inflation, à une réaction de la banque centrale, et sans doute à un ralentissement économique. Mais, en 1997-1998, se déroulent la récession japonaise, la crise des pays émergents d'Asie, la crise russe; les prix des importations reculent massivement; et ceci empêche que la hausse des salaires ne se transforme pas en hausse des prix.

Finalement, depuis 1992, les États-Unis ont eu la chance que la croissance mondiale soit en permanence ralentie; d'abord par la récession européenne, puis par la crise en Amérique latine, finalement par la crise asiatique. Dans un environnement de croissance forte mondiale, les pressions inflationnistes seraient probablement apparues avant que l'accélération récente de la productivité du travail n'ait eu le temps de les repousser.

GRAPHIQUE 6. — ÉTATS-UNIS : SOLDES EXTÉRIEURS ET TAUX D'IMPOSITION (EN % DU PIB)

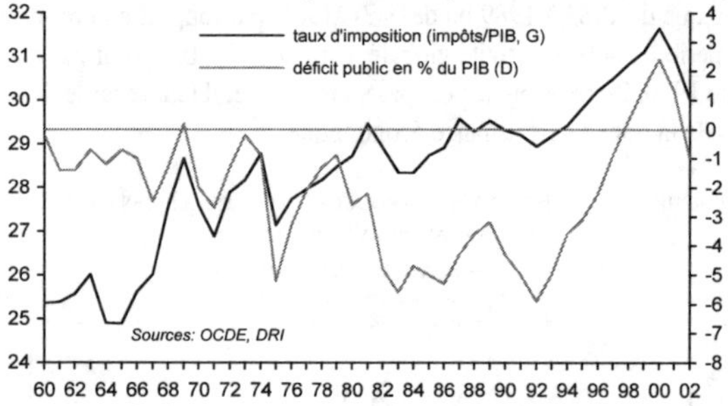

La bonne gestion macroéconomique

Examinons le *policy-mix*, c'est-à-dire la combinaison de la politique budgétaire et de la politique monétaire. Le graphique 6 permet de voir l'évolution de la pression fiscale et du déficit public aux États-Unis; le graphique 7 celle des taux d'intérêt à court terme; le graphique 8 celle du taux de change réel. Les deux premières périodes d'expansion longues s'achèvent en 1968-1969 et 1989 par une hausse des taux d'intérêt d'intervention de la Réserve fédérale liée à celle de l'inflation; ce n'est pas encore le cas en 1999-2000 puisque, au contraire, la récession de 2001 s'accompagne d'une forte baisse des taux d'intérêt. Il est intéressant de relier cette observation à l'évolution des déficits publics : il reste présent dans les années 1960, puis dans les années 1980 : en 1989, après 7 ans d'expansion, le déficit public est toujours supérieur à 3 points de PIB. Il n'est pas étonnant, dans ces conditions, que la politique monétaire doit devenir plus restrictive. Au contraire, dans les années 1990, les déficits publics disparaissent progressivement et un excédent public de 2,5 de PIB apparaît en 2000. Avec l'arrivée de l'administration Bush, l'orientation de la politique budgétaire change brutalement. Ceci a permis à la politique

GRAPHIQUE 7. — ÉTATS-UNIS : TAUX D'INTÉRÊT À COURT TERME

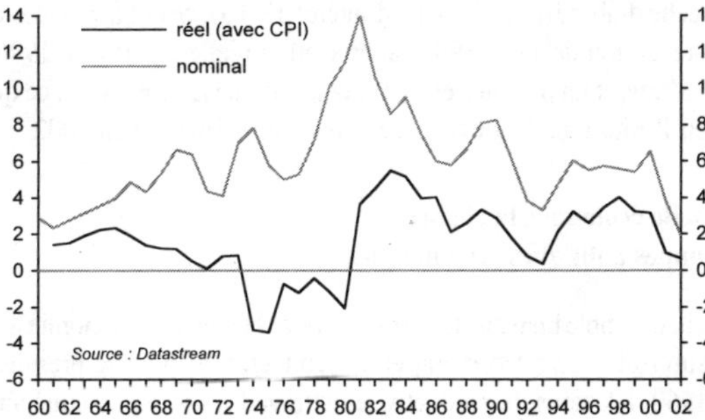

monétaire de rester relativement expansionniste pendant la période de croissance. Le taux d'intérêt réel à court terme oscille autour de 3 % de 1994 à 2000, ce qui est inférieur au taux de croissance moyen et correspond donc à une politique monétaire favorable à l'investissement. L'accumulation de capital a pu se poursuivre aux États-Unis parce que le passage à une politique budgétaire de plus en plus restrictive dans le cycle d'expansion a permis de maintenir des taux d'intérêt bas.

Enfin, examinons la gestion du taux de change. Le graphique 8 présente l'évolution du taux de change effectif réel du dollar. Il s'agit du taux de change, corrigé des écarts de prix, des États-Unis avec ses partenaires commerciaux, chacun ayant un poids correspondant à celui de ses échanges avec les États-Unis. De 1985 à 1989, le dollar se déprécie continûment en termes réels, ce qui ne favorise pas le maintien d'une inflation faible. Au contraire, dans la

GRAPHIQUE 8. — ÉTATS-UNIS : TAUX DE CHANGE EFFECTIF RÉEL*
(COÛT UNITAIRE RELATIF DE LA MAIN-D'ŒUVRE, 1980 = 100)

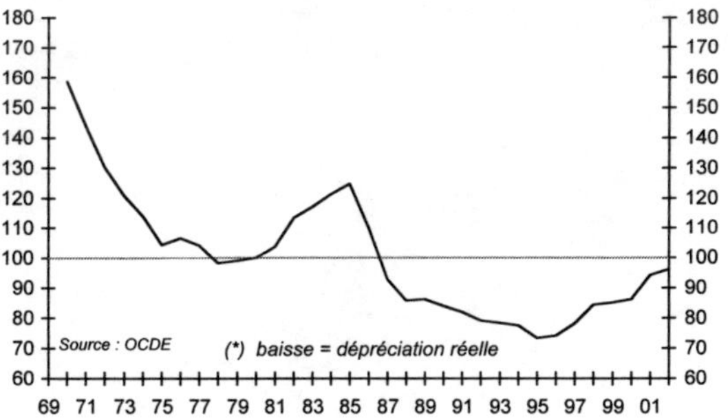

période 1992-2001, la gestion du change est particulièrement efficace : dépréciation réelle d'abord, avec des taux d'intérêt très bas, ce qui favorise la reprise après la récession de 1990-1991 ; appréciation réelle à partir de 1996, avec des taux d'intérêt un peu plus élevés et la reprise de la croissance, ce qui aide à contenir l'inflation. À nouveau, cette tendance s'inverse en 2002.

La nouvelle économie, la chance ou de bonnes politiques économiques ?

En fait, il semble bien que les trois ont joué : la nouvelle économie a engendré un surcroît d'investissement et de productivité ; pour la première fois depuis 1960, les gains de productivité du travail n'ont pas décliné au cours du cycle d'expansion qui débute en 1992-1993, au contraire. Mais la chance, sous la forme d'une croissance et d'une inflation mondiales faibles jusqu'en 2000 et la bonne gestion macroéconomique, avec une coordination efficace des politiques économiques, ont aussi joué un rôle. Nous parlerons aussi plus loin des politiques microéconomiques : incitations fiscales à revenir sur le marché du travail par exemple. Il ne faut pas attribuer l'ensemble de la performance économique des États-Unis depuis la fin de la récession de 1990-1992 au développement technologique ou à l'effort d'investissement.

III / Une croissance forte durable aux États-Unis ?

L'augmentation du taux de croissance potentielle des États-Unis, de 1992 à 2000 est très nette. Cependant, dans le très long terme, une croissance accrue ne peut se maintenir que si la productivité globale des facteurs, et pas seulement la productivité du travail, accélère, ce qui n'est pas encore beaucoup le cas. Ceci pose la question de savoir si l'apparition des nouvelles technologies de l'information correspond vraiment à un cycle technologique de long terme au sens usuel. Développons cette idée.

Une innovation technologique peut entraîner une accélération transitoire (transitoire pouvant vouloir dire : quelques années) de la croissance si elle entraîne un supplément d'investissements, ou un supplément de demande de la part des consommateurs.

Mais un cycle technologique assure un supplément de croissance à long terme même une fois que l'accumulation de capital a cessé. Il faut, pour que ceci ait lieu, que la productivité globale des facteurs accélère, pour que la croissance de la production ne dépende plus de la croissance des facteurs de production (emploi et capital). Rappelons que le taux de croissance de la productivité globale des facteurs est la partie de la croissance de la production qui ne dépend pas de celle des facteurs de production. Si la productivité globale des facteurs croît plus vite, pour une même évolution du capital productif et de l'emploi, la croissance de la production est plus rapide (voir encadré page 28).

La question posée dans ce chapitre est donc la suivante : l'accélération de la croissance avec la nouvelle économie est-elle un phénomène durable ou seulement transitoire ?

Gains de productivité et investissement

Les graphiques 1a et 1b rappellent les évolutions des 20 dernières années aux États-Unis. Les gains de productivité du travail ont été faibles, en moyenne, jusqu'en 1994. Ils accélèrent à partir de 1995, et atteignent, sur un an, presque 4 % en 2000. Nous analyserons dans le chapitre 8 l'évolution de la productivité dans la récession de 2001-2002. Le taux d'investissement productif, qui stagnait, augmente presque de moitié entre 1992 et 2000, tiré par l'investissement en informatique, (micro-ordinateurs, réseaux…

Avec un délai de 3 à 4 ans, l'effort d'investissement semble se traduire par une augmentation des gains de productivité du travail. Le graphique 2 montre l'effet de l'effort d'investissement sur l'intensité capitalistique. Le capital productif, qui augmentait de 3 % en moyenne (en volume) dans les

Graphique 1a. — États-Unis : productivité et durée de travail (GA en %)*

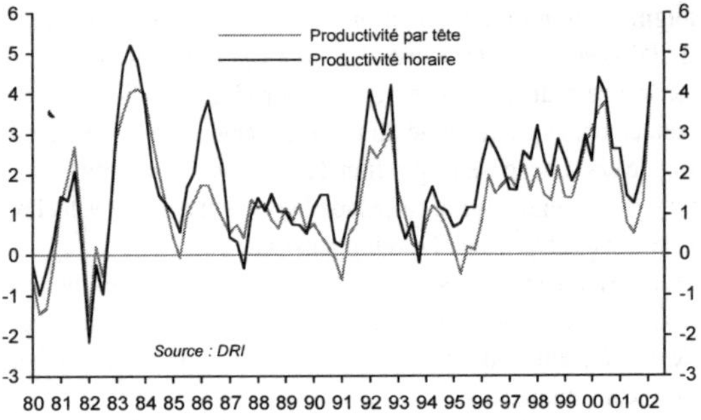

Graphique 1b. — États-Unis : taux d'investissement (en %)

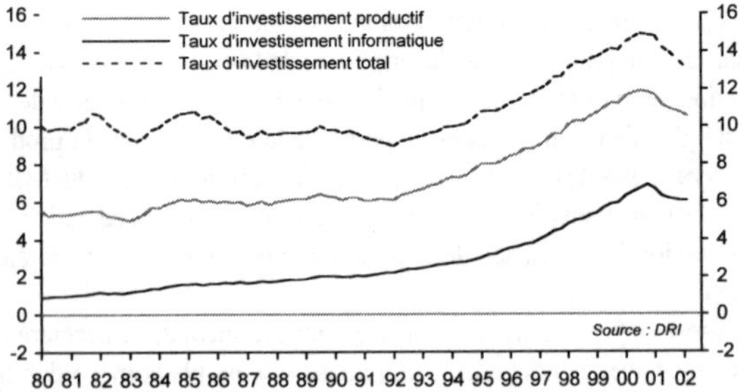

* Dans tous les graphiques, GA signifie : glissement (croissance) sur un an.

années 1980 augmente de 6 % par an entre 1995 et 2001. La productivité du capital décroît de 1,75 % par an, et le rapport capital/emploi augmente de 4 % par an. Cet effort d'accumulation est facilité par la baisse du prix relatif de l'investissement (3 à 4 % par an), et tout particulièrement celle du prix relatif des ordinateurs : la hausse de plus de 5 points du taux d'investissement productif en volume de 1992 à 2000 correspond à une hausse de 3 points du taux d'investissement productif en valeur, puisque le prix de l'investissement a baissé relativement au prix du PIB.

Cette baisse de prix facilite l'effort d'investissement en termes réels, source des gains de productivité. Jorgenson et Stiroh (2000) pensent que les prix des logiciels et des équipements de télécommunications sont encore surestimés : la baisse du prix global de l'investissement serait encore plus forte que celle qui est montrée ci-contre (graphique 3). Une surestimation du prix de l'investissement correspond naturellement à une sous-estimation de son volume.

GRAPHIQUE 2. — ÉTATS-UNIS : EMPLOI, CROISSANCE ET STOCK DE CAPITAL EN VOLUME (EN %)

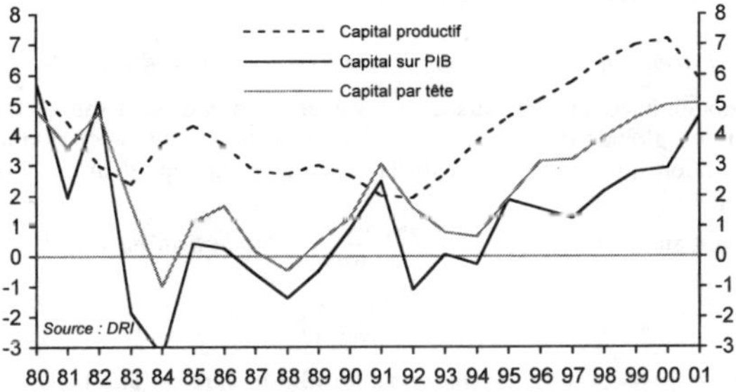

GRAPHIQUE 3. — ÉTATS-UNIS : TAUX D'INVESTISSEMENT ET PRIX RELATIF (GA EN %)

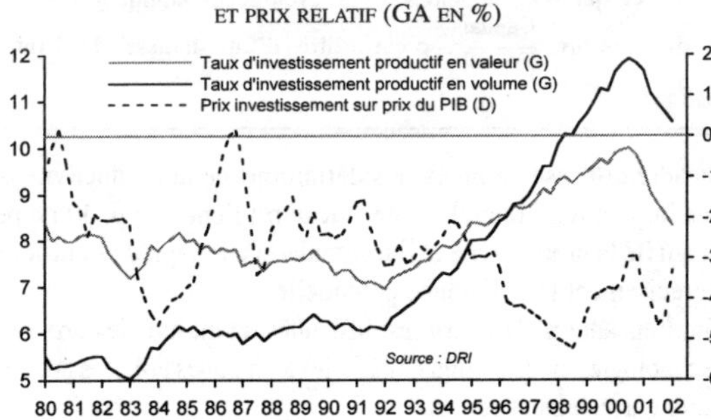

Sources des gains de productivité

On suppose le plus souvent que la fonction de production de biens nécessite du travail et du capital (des machines). La fonction f qui est telle que :

$$\text{Production} = f\ (\text{Travail utilisé, Stock de capital})$$

s'appelle la fonction de production.

Le rapport $\frac{\text{Production}}{\textit{Emploi}}$, l'emploi étant le nombre de travailleur dans les entreprises, s'appelle la productivité du travail.

On suppose le plus souvent que la fonction de production f a la forme suivante :

$$\text{Production} = \text{A.Capital}^{\alpha}.\textit{Travail}^{1-\alpha} = AK^{\alpha}N^{1-\alpha}$$

α est l'élasticité de la production au capital, $1-\alpha$ de la production au travail ; K représente le capital, N le travail.

A s'appelle la productivité globale des facteurs : c'est la partie de la production qui ne s'explique ni par l'utilisation de capital, ni par l'utilisation de travail.

Passant en taux de croissance, on voit qu'on a :

$$\dot{\textit{Production}} = \dot{A} + \alpha\ \dot{\text{Capital}} + (1-\alpha)\ \dot{\text{Travail}} = \dot{A} + \alpha\dot{K} + (1-\alpha)\dot{N}$$

En notant avec un • les taux de croissance, le taux de croissance $\dot{A}$ de la productivité globale des facteurs est donc la partie du taux de croissance de la production qui ne résulte ni de la croissance du capital ni de celle de l'emploi.

On voit aussi qu'on a : $$\frac{\textit{Production}}{\textit{Travail}} = \textit{Productivité du travail}$$

$$= A \bullet \left(\frac{\textit{Capital}}{\textit{Travail}}\right)$$

Cette expression est très intéressante. Elle montre qu'une hausse de la productivité du travail peut venir soit d'une hausse de la productivité globale A (ce que nous appelons « vrai cycle technologique »), soit d'une hausse du rapport $\frac{\text{Capital}}{\text{Travail}}$, c'est-à-dire d'une hausse de l'intensité capitalistique.

L'encadré ci-dessus rappelle les définitions de la productivité du travail et de la productivité globale des facteurs ; l'encadré p. 30 rappelle la relation qui lie la productivité et l'accumulation de capital ; l'encadré p. 30 définit précisément la croissance potentielle.

Enfin, l'encadré p. 31 décrit les difficultés de mesure des prix des nouvelles technologies ou des ordinateurs, et les techniques utilisées pour essayer de mesurer correctement ces prix.

Production potentielle

La croissance américaine se situe aux alentours de 4 % de 1993 à 1997, accélère encore de 1998 à 2000 (graphique 4) avant de chuter dans la récession. La progression de la production industrielle est plus forte que la croissance d'ensemble, sauf au moment de la crise des émergents en 1998. Bien qu'élevé, le taux d'utilisation des capacités dans l'industrie n'augmente pas depuis 1994, ce qui montre la rapidité de la croissance des capacités de production.

Le taux de chômage baisse de 1992 à 2000, et atteint un point bas de 4 % au premier semestre 2000 avant de remonter à 6 % en 2002. De 1992 à 2000, l'emploi a progressé beaucoup plus vite que la population en âge de travailler ou que la population qui se présente sur le marché du travail (la somme de l'emploi et du chômage); cette dernière a crû plus vite que la population en âge de travailler grâce à la hausse du taux de participation, qui se poursuit en 2000 (graphique 5). On appelle taux de participation le rapport entre la population qui se présente effectivement sur le marché du travail et la population en âge de travailler.

GRAPHIQUE 4. — ÉTATS-UNIS : CROISSANCE EN VOLUME ET PRODUCTION INDUSTRIELLE (GA EN %)

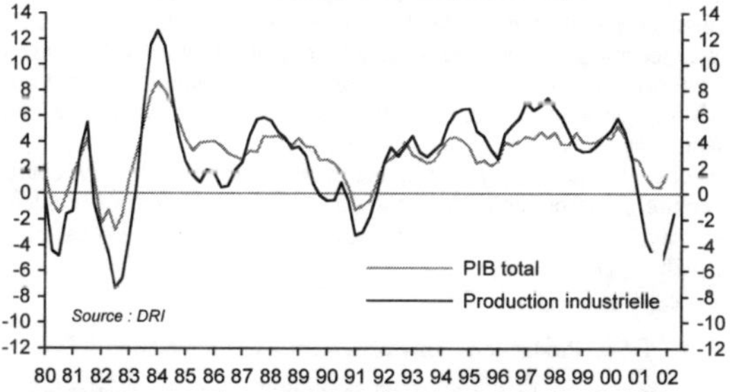

GRAPHIQUE 5. — ÉTATS-UNIS : EMPLOI ET POPULATION ACTIVE (CROISSANCE ANNUELLE, %)

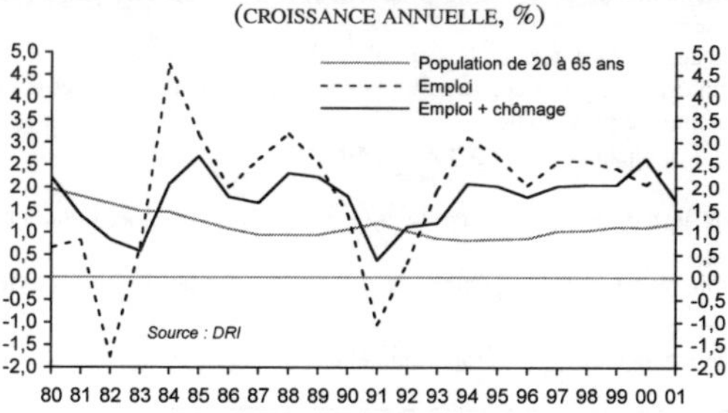

Croissance potentielle

La croissance potentielle est la croissance régulière qu'on peut réaliser à long terme. Appelons g le taux de croissance potentielle (de long terme).

$$Y = AK^{\alpha} N^{1-\alpha}$$

où Y est la production, A la productivité globale des facteurs (PGF), K le capital, N le travail.

Notons a le taux de croissance de long terme de la PGF, n celui de la population active, k la croissance du capital. On a donc :

(1) $g = a + \alpha k + (1-\alpha)n$: la croissance de la production dépend de celles de la PGF, du capital et du travail.

Cependant, on ne peut pas imaginer qu'à long terme le capital croisse plus vite que la production (la consommation disparaîtrait). À long terme, on a donc $k = g$ (taux de croissance du capital = taux de croissance de la production).

$$(2) \quad g = \frac{a}{1-\alpha} + n$$

la croissance potentielle croît avec la population active et avec le taux de croissance de la PGF, a.

À long terme, la croissance économique dépend de la croissance de la population active et de celle de la productivité globale des facteurs (du progrès technique). C'est pour cela que la notion de vrai cycle technologique est importante : si la nouvelle économie correspond à un vrai cycle technologique, elle va entraîner une hausse de la productivité globale des facteurs, donc de la croissance de long terme.

Si ce n'est pas le cas, à long terme la croissance retombera. À court terme, par contre, il est possible, dans une phase d'accumulation rapide de capital, que le stock de capital croisse plus vite que la production (k est plus grand que g dans (1)).

On voit que puisque :

Production = Investissement + Consommation

c'est impossible à long terme : si le capital, donc l'investissement, croît perpétuellement plus vite que la production, il n'y a plus de place pour la consommation.

Tant que, à court terme, le capital croît très vite, la croissance de la production est forte, mais ceci résulte de l'accumulation de capital et pas d'un progrès technique plus rapide.

La productivité du travail est $Y/N = AK^{\alpha} N^{-\alpha}$

À long terme, le capital par tête K/N croît au taux $g-n$, donc au taux $\frac{a}{1-\alpha}$ (voir plus haut). Ceci implique que, à long terme, la productivité du travail croisse au taux $\frac{a}{1-\alpha}$, proportionnellement à la PGF.

Le problème de la mesure des prix des nouvelles technologies

Le problème qui se pose est la neutralisation des effets sur les prix de l'amélioration de la qualité (ordinateurs plus puissants, logiciels plus performants). Une hausse du prix de vente apparent de ces produits peut recouvrir une hausse de la qualité, qui doit être intégrée dans la croissance en volume et non une vraie hausse de prix (à qualité constante).

Cet « effet qualité » est difficile à mesurer; certains pays le font à l'aide de modèles économétriques, où le prix est relié aux caractéristiques techniques du produit. On aboutit alors à des prix dits « prix hédoniques » (de l'hédonisme, recherche du plaisir).

L'idée est simple : les consommateurs tirent leur satisfaction non pas directement des biens qu'ils acquièrent mais des caractéristiques de ces biens. L'approche hédonique consiste à définir une relation stable entre ces caractéristiques et le prix des biens, c'est-à-dire à estimer le prix que le consommateur est prêt à payer pour chacune de ces caractéristiques.

Cependant, la mesure est difficile, et le champ d'application n'est pas général (il inclut en général les matériels, comme les micro-ordinateurs, mais pas les services ou les logiciels).

Cette mesure des prix, corrigés par l'évolution de la qualité, n'est pas de plus appliquée par tous les pays. Elle a été adoptée aux États-Unis et en France, pas par l'Allemagne par exemple.

De ce fait, les comparaisons internationales sont très difficiles. Aux États-Unis, si on regarde les statistiques officielles, le prix des ordinateurs et des périphériques a baissé de 80% depuis 1991, alors qu'il n'aurait baissé que de 20% en Allemagne; pourtant, il s'agit des mêmes biens.

De ce fait, l'estimation de la croissance en volume de l'investissement en matériel informatique est de 40% par an aux États-Unis, 9% par an en Allemagne. (Voir le *Bulletin de la Bundesbank,* août 2000).

Si on utilisait les prix américains pour séparer la valeur et le volume des nouvelles technologies en Allemagne, on aboutirait à une progression de 27,5 % par an, de 1991 à 1999, de cet investissement en volume.

Une croissance aussi rapide que celle des États-Unis n'est compatible avec la quasi-stabilité du taux de chômage que sous ces trois conditions : une démographie favorable (la population en âge de travailler augmente de plus de 1% par an); une fiscalité incitative à l'accroissement de la population qui se présente sur le marché du travail (celle-ci augmente encore de 1,7% en 2000); des gains de productivité importants.

Comme on l'a vu plus haut, la productivité du travail et la croissance ont beaucoup accéléré à la fin des années 1990. Il est possible qu'une partie de la hausse des gains de productivité soit liée au cycle conjoncturel. Il faut donc corriger la croissance de la productivité du cycle pour effectuer des calculs de croissance potentielle.

GRAPHIQUE 6. — ÉTATS-UNIS : PRODUCTIVITÉ CORRIGÉE DU CYCLE (GA EN %)

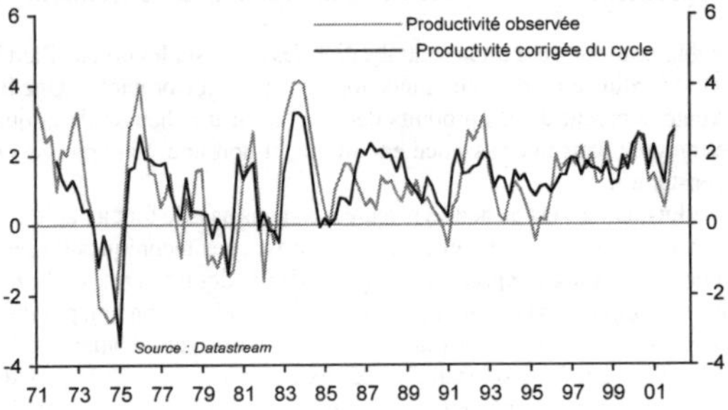

Le graphique 6 représente la productivité du travail, observée et corrigée du cycle. La productivité corrigée accélère aussi à partir de 1996 et résiste naturellement mieux au recul cyclique de 2001. Elle atteint 2,75 % de 1999 à 2002. Le résultat, en ce qui concerne la croissance potentielle, est représenté sur le graphique 7.

On calcule la croissance potentielle comme :

Croissance potentielle = croissance de la population active disponible (emploi + chômage) + croissance de la productivité du travail.

De façon équivalente (voir encadré p. 30), on a :

Croissance potentielle = croissance de la population active disponible + croissance de la productivité globale des facteurs (PGF)/ 1– α où α est l'élasticité de la production au capital productif.

En effet, à long terme, la PGF et la productivité du travail croissent à des taux de croissance qui sont dans un rapport de 1– α.

GRAPHIQUE 7. — ÉTATS-UNIS : CROISSANCE POTENTIELLE ET CROISSANCE (GA EN %)

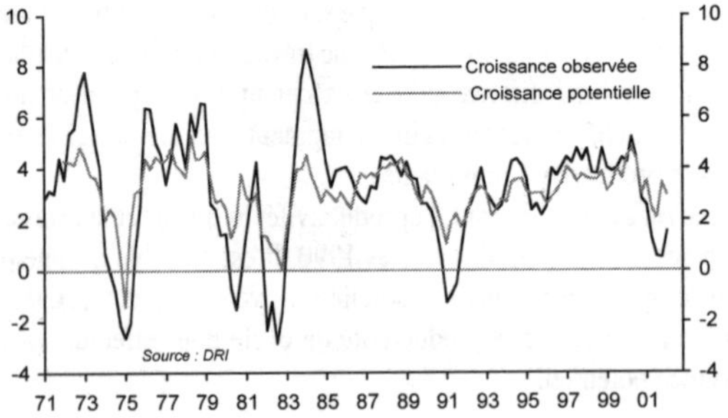

Gains de productivité et effort d'investissement

La productivité du travail dépend de l'effort passé d'investissement, et est forte quand la conjoncture est forte, puisque les entreprises ont alors un effet pour produire davantage avec le même emploi.

Pour mesurer ces effets, nous relions statistiquement la croissance de la productivité du travail, le taux d'investissement productif (retardé pour tenir compte du décalage entre investissement et productivité), la variation du taux de chômage, la variation du taux d'utilisation des capacités, l'effet des deux dernières variables représentant la composante cyclique des gains de productivité.

On obtient : Taux de croissance de la productivité du travail = 0.43.Taux d'investissement décalé de 1 an et demi + variables représentatrices de la conjoncture (du cycle économique).

La productivité dépend donc bien positivement du taux d'investissement productif (décalé). Notre estimation indique que la hausse de 5 points du taux d'investissement (en volume) entre 1992 et 2000 a accru la croissance de la productivité du travail, donc la croissance potentielle, de 2,1 % par an.

Les variables cycliques (variations du chômage et du taux d'utilisation des capacités) ont l'effet attendu sur les gains de productivité.

Si on utilise la productivité du travail observée, on voit que la croissance potentielle accélère de 2,75 % environ en 1992-1993 à 4 % en moyenne de 1996 à 2002. La croissance potentielle des États-Unis à la fin des années 2000 est supérieure à 4 %, et ne semble pas beaucoup ralentir durant la récession de 2001.

Le taux d'investissement augmentant de plus de 0,5 point par an jusqu'en 2000 et ne reculant que peu en 2001-2002 (voir graphique 1a), d'après nos estimations et avec le retard estimé d'un an et demi entre l'investissement et la productivité, il apparaît que la croissance potentielle sera supérieure à 4 % par an en 2004 si l'augmentation du taux de participation de la population en âge de travailler se poursuit.

Rassemblons ce qui précède :

On observe depuis quelques années des évolutions très nettes aux États-Unis : l'effort d'investissement est accru ; de ce fait, l'accumulation de capital est rapide et la croissance est forte ; la productivité du travail augmente plus rapidement que dans le passé puisque le capital par salarié progresse beaucoup.

Quand on calcule la croissance potentielle (la croissance réalisable à moyen terme), comme somme de la tendance des gains de productivité du travail et du taux de croissance de la population active, on obtient un chiffre très élevé, peut-être 4 % par an : il est donc certain que la croissance américaine va pouvoir être forte pendant plusieurs années ; d'autant plus que (nous revenons sur ce point dans le chapitre 8), la récession n'a pas entraîné de recul durable des gains de productivité

Mais nous avons aussi vu qu'il faut s'interroger sur le plus long terme : tant que la productivité globale des facteurs n'accélère pas, le supplément de croissance, dû à court terme à l'effort d'accumulation de capital, disparaît à long terme.

Perspectives

Les perspectives à court-moyen terme sont donc très favorables. Même corrigée du cycle, la productivité du travail progresse au début des années 2000 de 3 % par an environ. Comme par le passé (graphique 8), le salaire a accéléré aux États-Unis à partir du moment où le taux de chômage a approché 5 %. Cependant, ceci s'est produit à partir de 1997 avec des gains de productivité de plus de 2 % par an, et pas de 1 % comme en 1987-1988. Le coût salarial unitaire augmente donc très peu : 1 % en 2000 contre 5,5 % en 1990.

L'augmentation des gains de productivité a donc considérablement réduit le chômage structurel (qu'on appelle le NAIRU, voir encadré p. 36) : la croissance peut se poursuivre au taux de 4 % par an sans que des pressions inflationnistes salariales n'apparaissent. Le chômage structurel est précisément le taux de chômage en dessous duquel l'inflation réapparaît.

On a vu que la croissance potentielle dépend positivement de la croissance du stock de capital, de la croissance de la population active, de celle de la productivité globale des facteurs. La croissance du stock de capital dépend du taux d'investissement (rapport investissement/capital).

Une croissance du stock de capital supérieure à celle de la production (du PIB) est possible, à court-moyen terme. Elle implique une croissance plus forte de la productivité du travail, donc une croissance potentielle forte. Cependant, dans le très long terme, une croissance du stock de capital et de l'inves-

GRAPHIQUE 8. — ÉTATS-UNIS : PRODUCTIVITÉ, SALAIRE ET TAUX DE CHÔMAGE (GA EN %)

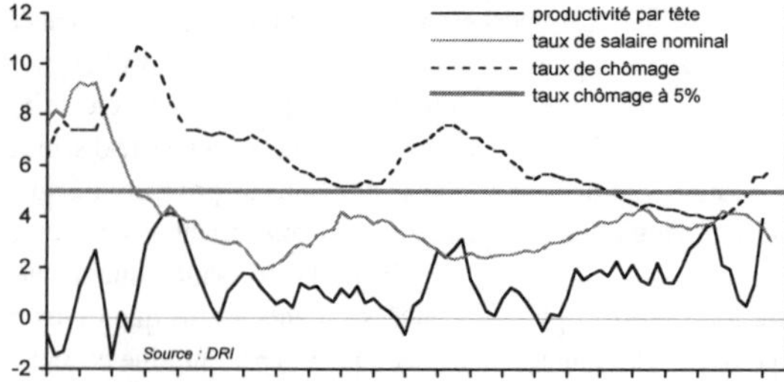

GRAPHIQUE 9. — ÉTATS-UNIS : CROISSANCE, CONSOMMATION ET INVESTISSEMENT (GA EN %)

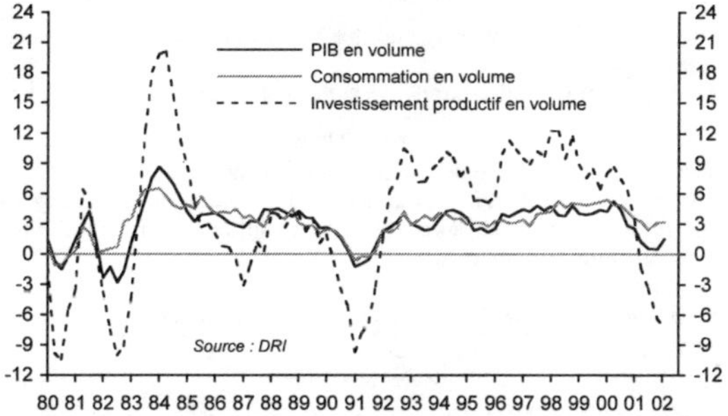

tissement supérieure à celle du PIB est impossible : ceci implique soit une disparition de la consommation, soit un déficit extérieur croissant exponentiellement.

Depuis 1992, la consommation progresse en moyenne au même rythme que le PIB et l'investissement productif beaucoup plus rapidement jusqu'à la fin de 2000, ce qui n'était pas le cas dans les années 1980 (graphique 9).

De ce fait, inexorablement, le déficit courant des États-Unis s'est accru (graphique 10). À nouveau, cette situation n'est pas tenable à long terme, elle impliquerait une croissance exponentielle de la dette extérieure des États-Unis.

Dans le très long terme, finalement, la croissance potentielle ne dépend que de celles de la population active et de la productivité globale des facteurs, le capital progressant au même rythme que le PIB ; à long terme, le rapport capital/PIB ne peut pas varier.

GRAPHIQUE 10. — ÉTATS-UNIS : TAUX D'INVESTISSEMENT TOTAL, ÉPARGNE NATIONALE ET SOLDE COURANT (EN % DU PIB)

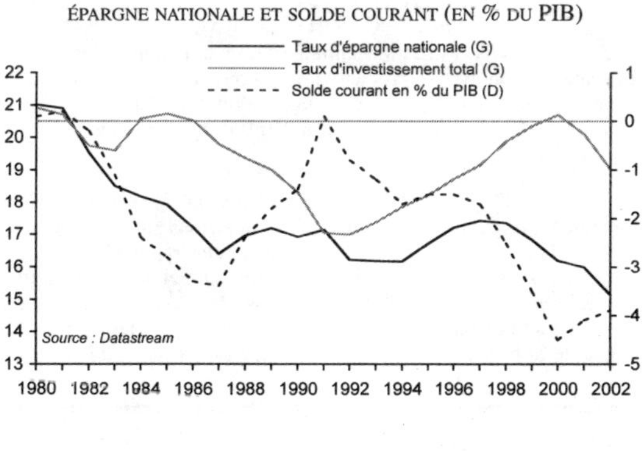

Chômage structurel : NAIRU
(*Non accelerating inflation rate of unemployment*)

Le NAIRU est le taux de chômage tel que l'inflation reste constante à ce niveau de chômage.

Partons d'une représentation simple de la formation des prix et des salaires.

$$(1)\quad \dot{p}=\dot{w}-\dot{\Pi}+\Delta t_e$$

La hausse du prix $(\dot{p})$ est égale à la hausse du salaire nominal $(\dot{w})$ diminuée des gains de productivité du travail $(\dot{\Pi})$ et accrue de la variation des charges sociales des entreprises (Δt_e) qui modifient le coût du travail (1) assure la stabilité du taux de marge bénéficiaire des entreprises.

On a en effet :

$$\underbrace{\text{Prix x Production}}_{\text{Valeur de la production}}=\underbrace{\text{Salaire par tête x Emploi x (1+Taux de cotisations sociales des entreprises)}}_{\text{Masse salariale}}$$

$$+\text{Marges bénéficiaires}$$

$$\text{D'où : Prix}=\frac{\text{Salaire par tête}}{\text{Productivité}}\text{ x (1+Taux de marge) x (1+Taux de cotisations sociales)}$$

$$\text{Puisque Productivité}=\frac{\text{Production}}{\text{Emploi}}$$

Passons à la formation des salaires.

Nous écrivons : $(2)\quad \dot{w}=\dot{p}^a+\alpha\dot{\Pi}+\beta\Delta t_s-\gamma u\quad(\alpha<1)$

Le salaire est parfaitement indexé sur l'inflation anticipée $(\dot{p}^a)$, croît avec une partie (dépendant du pouvoir de négociation des salariés) des gains de productivité, avec la variation de la taxation des salariés (Δt_s) ; décroît avec le taux de chômage u. L'équation (2) représente le résultat des négociations salariales, dans les entreprises. Le salaire suit l'inflation anticipée, puisque les salariés ne veulent pas perdre de pouvoir d'achat.

Si la productivité du travail augmente, une partie de cette augmentation sert à accroître le salaire réel (le pouvoir d'achat du salaire) ; si les impôts payés par les salariés augmentent, ils auront tendance à demander une compensation sous la forme de salaires plus élevés ; enfin, si le chômage est élevé, les salariés sont en situation de faiblesse dans les négociations et ne peuvent pas obtenir de fortes hausses de salaires.

Résolvant (1) et (2), on obtient :

$$(3)\quad \dot{p}=\dot{p}^a-(1-\alpha)\dot{\Pi}+\Delta t_e+\beta\Delta t_s-\gamma u$$

L'inflation croît avec l'inflation anticipée (qui fait monter les salaires) et la pression fiscale, décroît avec la productivité (qui réduit les coûts des entreprises) et avec le chômage (qui réduit le pouvoir de négociation des salariés).

À l'équilibre, l'inflation est égale à l'inflation anticipée et le chômage d'équilibre (le NAIRU) vient de :

$$(4)\quad \gamma u=-(1-\alpha)\dot{\Pi}+\Delta t_e+\beta\Delta t_s=\gamma\ \text{NAIRU}$$

Comprendre l'expression (4) est important. Supposons par exemple que, comme aux États-Unis, la productivité du travail augmente plus rapidement. Ceci réduit les coûts de production des entreprises, par unité produite, et si aucune autre variable ne bouge, ceci réduit l'inflation. Il est alors possible d'avoir un chômage plus bas (le chômage structurel baisse) sans qu'apparaisse de l'inflation puisque l'effet inflationniste de la baisse du chômage est compensé par les gains de productivité plus rapides.

La croissance de la productivité globale des facteurs (PGF) est rappelons-le, la croissance de la production réalisable pour des niveaux donnés du stock de capital et de l'emploi. Pour l'instant son accélération n'est que très modeste, on l'a déjà vu (graphique 11), moindre que celle observée de 1983 à 1989, lors de la première phase d'informatisation massive de l'économie américaine. De 1983 à 1989, on a eu en effet l'introduction de l'informatique lourde et centralisée dans les entreprises.

L'évolution future de la PGF est un gros enjeu. Si elle n'accélère pas plus, dans le futur il faudra bien que la hausse du rapport investissement/PIB cesse. Si c'est la hausse de ce rapport qui accroît les gains de productivité du travail et la croissance potentielle, cette dernière diminuera.

GRAPHIQUE 11. — ÉTATS-UNIS : TAUX D'INVESTISSEMENT ET PRODUCTIVITÉ GLOBALE DES FACTEURS (EN %)

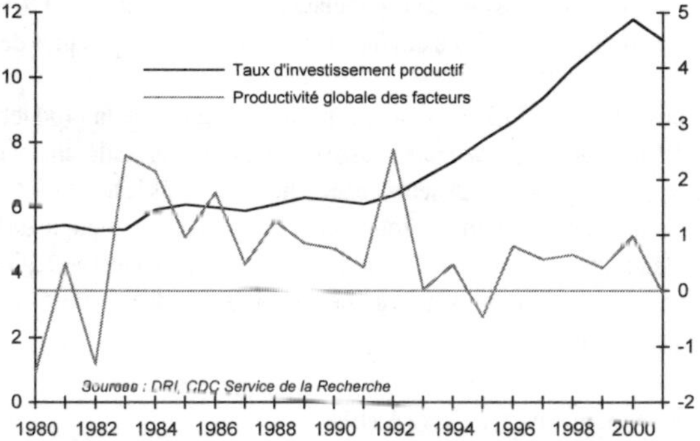

Mais il est aussi possible que l'accumulation de capital en nouvelles technologies finisse par faire croître la PGF, et que le niveau très élevé du taux de croissance potentielle se perpétue. Il est trop tôt pour en juger.

Ce débat est central pour analyser la nature de la nouvelle économie. Il peut simplement s'agir d'une période de temps pendant laquelle on modernise activement le stock de capital productif pour y introduire les nouvelles technologies. Naturellement pendant cette période, la croissance est forte et non inflationniste. Mais il peut aussi s'agir de ce que nous avons appelé un vrai cycle technologique : au bout d'un certain temps, l'accumulation de capital moderne apporte une hausse de la productivité globale des facteurs, c'est-à-dire que même si, le capital ayant été renouvelé, le taux d'investissement décroît, il subsiste un supplément de croissance, dû à l'efficacité plus grande des processus de production, aux réorganisations des entreprises liées à l'introduction des nouvelles technologies, à la hausse du capital humain.

Deux époques pour la croissance potentielle des États-Unis

Depuis 1993, la croissance potentielle des États-Unis s'est accrue sous l'effet de l'effort d'accumulation de capital qui stimule les gains de productivité du travail. Cette croissance potentielle est de l'ordre de 4 %.

Au-delà, dans le très long terme, deux situations peuvent donc apparaître :

– *soit la croissance de la productivité globale des facteurs accélère aussi*, ce qui perpétue l'augmentation de la croissance potentielle. Cette évolution n'est pas encore très perceptible ;

– *soit l'investissement et le stock de capital ne pouvant pas, à long terme, croître plus vite que le PIB*, la croissance potentielle ralentit, ne dépendant plus que des progressions de la population active (aujourd'hui 1,7 % par an) et de la productivité globale des facteurs (aujourd'hui un peu plus de 1 % par an).

Une croissance du PIB plus forte, sans augmentation de la productivité globale des facteurs mais avec une hausse de la part de l'investissement dans le PIB est possible pendant plusieurs années, mais pas dans le très long terme. Pour que la nouvelle économie se transforme en cycle technologique de long terme, il faudrait une poursuite de l'accélération de la productivité globale des facteurs, puisque, nous avons vu que c'est le signe distinctif des cycles technologiques durables.

Les enseignements des travaux récents et les débats aux États-Unis

Robert Gordon (2000) confirme ce diagnostic : d'après ses calculs, l'accélération de la productivité globale des facteurs, corrigée du cycle, entre la tendance observée de 1972 à 1995 et la période 1995-1999 est de 0,8 % par an pour l'ensemble de l'économie. Si on exclut le secteur qui produit les ordinateurs, cette accélération n'est plus que de 0,6 %. Si on exclut les secteurs qui produisent l'ensemble des biens durables, de 0,2 %.

On voit donc que, d'une part l'accélération de la croissance de la PGF est limitée, d'autre part qu'elle est concentrée dans le secteur producteur des biens durables. Gordon en conclut que la création d'Internet n'est en rien comparable à d'autres grandes inventions : l'électricité, l'automobile, le

Les thèses de Paul David (1990 et 2000)

Point de départ : expliquer pourquoi la productivité globale des facteurs n'a crû que de 0,1 % par an entre 1988 et 1996, ce qui est extrêmement faible.

Possibilités évoquées :

– surestimation accrue de l'inflation (rejetée par David) ou sous-estimation de la qualité des services fournis au consommateur ;

– croissance de la partie de l'économie mal couverte par les statistiques (commerce, finance…) (possible mais pas à la hauteur du problème) ;

– l'introduction des nouvelles technologies a exigé beaucoup d'autres investissements mal mesurés : requalification, réorganisation du travail, gestion de systèmes complexes, de bases de données beaucoup plus importantes.

L'idée centrale : nous sommes aujourd'hui dans un régime de transition qui ne donne pas d'indication sur le régime de long terme. Ceci est caractéristique des inventions dites « à objectif général (*general purpose*) », qui ne sont pas spécifiques à une tâche mais peuvent s'appliquer à l'ensemble d'entre elles. Aujourd'hui il s'agit de l'ordinateur personnel (PC); dans le passé : le moulin à eau, le moteur à vapeur, la dynamo électrique. Les inventions à objet général nécessitent de modifier l'ensemble de l'organisation technologique pour qu'il y ait hausse de la productivité globale des facteurs, d'où une phase de transition très longue.

Un exemple intéressant est la dynamo (le moteur) électrique. Elle est inventée par Edison en 1881 ; en 1899 elle équipe 5 % des installations industrielles; en 1904, 12 %; en 1910, 28 %; en 1920, 50 % (40 ans après l'invention).

Les délais semblent les mêmes pour les ordinateurs : leur première introduction a lieu en 1979, mais en 1990 ils ne fournissent que 13 % du flux de services fourni par l'ensemble du capital en biens durables.

D'autres similitudes apparaissent : croissance rapide du capital correspondant, baisse des prix.

Lorsqu'on examine l'évolution de la productivité globale des facteurs aux États-Unis, on voit que son accélération a lieu dans les années vingt, pas auparavant, à nouveau plus de 40 ans après l'introduction de l'innovation. Ce ne serait qu'au moment où le taux d'équipement dépasse 50 % que l'accélération de la productivité globale apparaîtrait. Auparavant, dans la phase de transition, l'effort d'accumulation de capital coexiste avec de faibles gains de productivité globale.

---

téléphone…, qui ont provoqué des effets de diffusion très importants dans le reste de l'économie. Il avance qu'Internet se substitue à d'autres technologies de l'information, mais ne s'y ajoute pas.

Un point intéressant de son analyse est que si on divise Internet en quatre niveaux :

– les infrastructures (ordinateurs…) ;

– les logiciels ;
– les fournisseurs d'accès et de contenus, les portails ;
– le commerce électronique;

seul le premier niveau semble contribuer à l'augmentation de la productivité globale. La baisse des coûts liée au développement du commerce électronique est pour l'instant faible.

Le B to B (*business to business*) représente aujourd'hui 120 milliards de dollars par an et le B to C (*business to consumer*) 25 milliards de dollars. On estime que la baisse des coûts est de l'ordre de 10%, soit un gain de 15 milliards de dollars par an, environ 0,2% du PIB, ce qui n'est pas beaucoup.

Il nous semble qu'il faut être prudents : si le délai de transmission des inventions dans la productivité est très long (Paul David, 1990), alors on verra peut-être seulement dans le futur l'accélération de la PGF. Il y aurait en effet un processus de diffusion lent : d'abord accélération de la productivité dans le secteur qui produit les nouvelles technologies, puis dans les secteurs qui produisent l'ensemble de biens durables, enfin, au bout de plusieurs années, dans l'ensemble de l'économie.

Oliner et Sichel (2000) critiquent le résultat de Gordon. Ils pensent que l'attribution des trois quarts des gains de productivité globale des facteurs dans le secteur non producteur de biens durables (le reste de l'économie) est erronée, et résulte d'une mauvaise mesure du cycle dans la période récente. Effectivement, l'accélération de la croissance depuis 1998-1999 peut être considérée comme un cycle, mais aussi comme une preuve de l'accroissement de la tendance de croissance.

Oliner et Sichel confirment l'importance de l'accumulation de capital en technologies nouvelles (ordinateurs et logiciels) sur la croissance du PIB. Elle aurait ajouté 1,1 point de croissance annuelle à l'économie américaine entre 1996 et 1999, contre 0,5 point entre 1991 et 1995. Ceci rejoint tout à fait l'analyse qui a été faite plus haut : c'est pour l'instant l'accumulation de capital qui est l'élément majeur derrière l'accélération de la croissance, pas l'accélération de la productivité globale des facteurs.

Que retenir ? Il est certain que la nouvelle économie à entraîné une hausse très forte du taux d'investissement des entreprises, de l'intensité capitalistique et de la productivité du travail. Dans une logique de court-moyen terme, il y a certainement augmentation de la croissance potentielle. C'est moins sûr dans une logique de long terme, lorsque le capital ne pourra plus progresser plus vite que le PIB, puisque l'accélération de la productivité globale des facteurs est encore modeste et non généralisée à l'ensemble des secteurs.

IV / L'Europe et la nouvelle économie ?

Par les mécanismes que nous avons décrits, les États-Unis ont pu profiter, depuis la récession de 1990-1991, d'une accélération avant la récession de 2001 des gains de productivité et de la croissance potentielle, ainsi que du retour au plein-emploi.

Par simple analogie avec les États-Unis, certains prédisent la même évolution en Europe continentale (nous étudierons la situation de la zone euro), c'est-à-dire un cycle de croissance forte et longue tirée par le développement des nouvelles technologies. Mais les choses pourraient être beaucoup plus difficiles et incertaines, en particulier, en raison de l'insuffisance de l'accumulation de capital et des ressources en main-d'œuvre qualifiée. Nous allons développer ces points et nous interroger sur les causes profondes de ces insuffisances. L'Europe sera-t-elle laissée de côté par la nouvelle économie, ou au contraire va-t-elle réaliser un rattrapage progressif des États-Unis ?

Pourquoi y a-t-il eu accroissement de l'intensité capitalistique aux États-Unis ?

Ce qui précède conduit, on se le rappelle, à l'interprétation suivante : la nouvelle économie ne consiste pas en une accélération exogène, spontanée, du progrès technique, ce qui se traduirait par des gains visiblement plus rapides pour la productivité globale des facteurs.

Il semble y avoir plutôt substitution de capital au travail aux États-Unis, d'où naturellement l'accélération des gains de productivité du travail. Quels sont les motifs de cette substitution ?

Le graphique 1 montre l'accélération des gains salariaux à partir de 1996 et jusqu'à la récession, et l'absence d'effet durable sur les coûts unitaires grâce à l'accélération des gains de productivité ceci aussi jusqu'à la fin de 2000 ; le graphique 2 montre que les taux d'intérêt réels à long terme sont restés assez stables et assez faibles aux États-Unis. La substitution de capital au travail peut donc être interprétée comme une réponse à l'évolution du coût des facteurs (hausse du prix relatif du travail) liée elle-même au retour au plein emploi et au maintien d'une politique monétaire pas trop restrictive.

Une autre interprétation, probablement complémentaire, consiste à dire que la modernisation du capital productif, avec l'introduction des nouvelles technologies, a été une obligation pour les entreprises américaines ; celles qui ne l'avaient pas fait auraient disparu, face à la concurrence. L'effort nécessaire d'investissement est ensuite renforcé par la réduction de la durée de vie des

GRAPHIQUE 1. — ÉTATS-UNIS : TAUX DE SALAIRE, PRODUCTIVITÉ ET COÛT UNITAIRE (GA EN %)

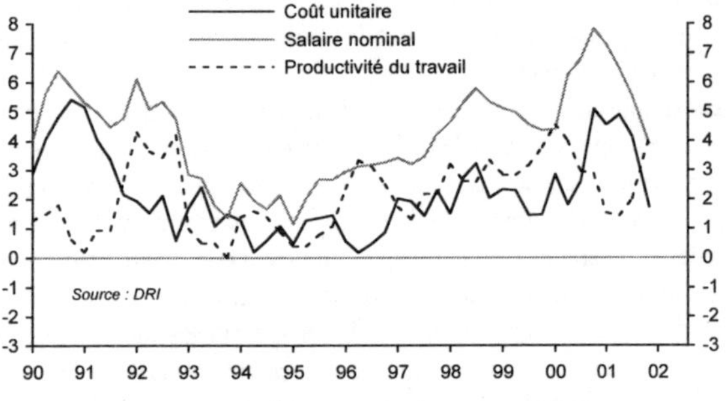

GRAPHIQUE 2. — ÉTATS-UNIS : TAUX D'INTÉRÊT RÉEL

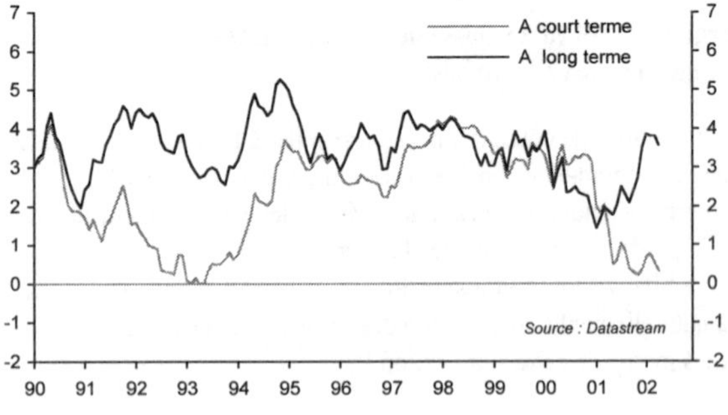

équipements, le besoin de remplacer continuellement ceux qui sont liés aux nouvelles technologies. Une première caractéristique du modèle américain, utile pour analyser la situation de l'Europe, apparaît donc : l'accélération des gains de productivité, donc de la croissance potentielle, nécessite un effort durable et important d'accumulation de capital, une hausse de l'intensité capitalistique de l'économie.

L'Europe bénéficie certainement d'une forte accélération de la demande pour les nouveaux services et les nouvelles technologies. Mais, comme on l'a déjà dit, la nouvelle économie ne peut absolument pas être réduite au secteur des nouvelles technologies. Il s'agit bien plus de leur inclusion dans l'ensemble des processus de production, ce qui permet l'évolution parallèle de l'offre et de la demande pour l'ensemble des biens.

En 2001, 31 % des Européens disposent d'une connexion Internet, ce qui est à peu près le même chiffre qu'aux États-Unis (36 %), ce qui montre que les différences ne se situent pas du côté de la demande de nouvelles technologies mais de celui de l'offre de biens.

Le taux d'investissement productif en Europe croît faiblement depuis 1993, les gains de productivité sont faibles (autour de 1,5 % par an) et n'accélèrent pas, au contraire (graphiques 3-4). Ils deviennent nuls en 2001.

Rappelons ici brièvement que les mauvais choix de politique économique en Europe au début des années 1990 portent une lourde responsabilité dans le faible niveau de l'investissement. La politique monétaire a été très restrictive, de 1991 à 1996, après la réunification allemande, avec les crises du SME et la nécessité de respecter les critères du traité de Maastricht.

Cependant, le premier danger en ce qui concerne la poursuite de la croissance européenne est donc le retour de l'inflation due à une progression de la

GRAPHIQUE 3. — TAUX D'INVESTISSEMENT PRODUCTIF Y.C. BÂTIMENTS ÉTATS-UNIS ET ZONE EURO

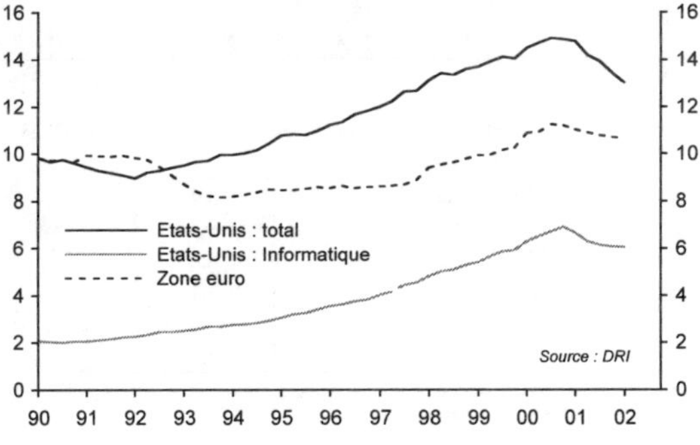

GRAPHIQUE 4. — PRODUCTIVITÉ DU TRAVAIL (VARIATION ANNUELLE EN GLISSEMENT)

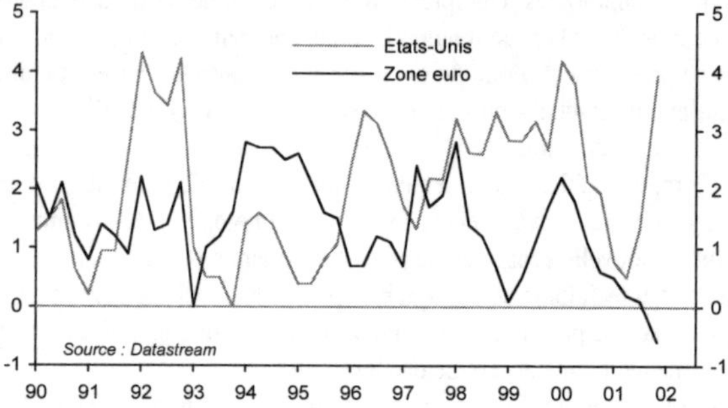

demande qui ne serait pas suivie d'une progression correspondante de l'offre, en raison de l'insuffisance de l'investissement.

Il faudrait une hausse de 40% du taux d'investissement de la zone euro pour espérer disposer, dans quelques années, d'une croissance potentielle semblable à celle des États-Unis. Ceci amènerait le taux d'investissement de la zone euro au niveau de celui des États-Unis.

Les tableaux 1 et 2 montrent le handicap de l'Europe et du Japon vis-à-vis des États-Unis et du Royaume-Uni dans le domaine de la composante technologique de l'investissement matériel ou immatériel. Non seulement le taux

TABLEAU 1. — INVESTISSEMENT EN TECHNOLOGIES DE L'INFORMATION ET EN TÉLÉCOMMUNICATION (% DE L'INVESTISSEMENT TOTAL)

	États-Unis	Japon	Royaume-Uni	Allemagne	France	Italie
1985	12,1	4,2	10,4	7,1	10,1	5,8
1990	15,7	5,3	13,3	7,2	8,8	7,7
1996	19,9	8,1	18,3	10,9	10,9	10,9
2000	21,5	8,5	18,4	12,1	11,8	11,4

Source : OCDE.

TABLEAU 2. — INVESTISSEMENT EN CONNAISSANCES* (% DU PNB)

Royaume-Uni	8,4
États-Unis	8,3
Union européenne	8,0
Allemagne	7,1
Japon	6,3
Italie	6,0

* R & D, éducation, logiciels.
Source : OCDE.

d'investissement total est trop faible dans la zone euro mais il consiste beaucoup plus en investissements traditionnels qu'aux États-Unis.

Faiblesse de la croissance européenne : une simple erreur statistique?

Les États-Unis bénéficient à la fin des années 1990 d'un impressionnant supplément de croissance par rapport à l'Europe. Lissée sur un an, la croissance accélère de 4 à 6% aux États-Unis, de 1995 à 2000 de 1 à 3,5% en Allemagne; reste autour de 3,5% en France. La consommation des ménages augmente de près de 6% aux États-Unis, de 2,5% en Allemagne, de 3% en France en 2000.

Les écarts sont particulièrement massifs en ce qui concerne l'investissement productif : + 15% par an en moyenne aux États-Unis, + 3% en Allemagne, + 6-7% en France. C'est ici qu'intervient crucialement le problème de la mesure du prix des nouvelles technologies, spécialement de celles qui font l'objet d'investissements de la part des entreprises, ou éventuellement de consommation des ménages.

Le problème qui se pose a déjà été décrit plus haut : c'est la neutralisation des effets sur les prix de l'amélioration de la qualité (ordinateurs plus puissants, logiciels plus performants). Une hausse du prix apparent de vente de ces produits peut recouvrir une hausse de la qualité, qui doit être intégrée dans la croissance en volume, et ne pas être attribuée à une véritable hausse de prix à qualité constante.

Cet « effet qualité » est difficile à mesurer; certains pays le font à l'aide de modèles économétriques, où le prix est relié aux caractéristiques techniques du produit. On aboutit alors à des prix dits « prix hédoniques ».

Cette mesure des prix, corrigés par l'évolution de la qualité, n'est pas appliquée par tous les pays. Elle a été adoptée aux États-Unis et en France, pas par l'Allemagne par exemple.

De ce fait, les comparaisons internationales sont très difficiles, et on peut effectivement se demander si les erreurs de mesure des prix, dans un pays comme l'Allemagne, n'y conduisent pas à une forte sous-estimation de la croissance.

Regardons d'abord l'ensemble de l'investissement productif. Le prix de l'investissement productif décroît aux États-Unis depuis 1992, au plus de 5% par an en 1998, de 4% par an aujourd'hui. En Allemagne, le prix de l'investissement est à peu près stable, en France aussi, avec une décroissance de l'ordre de 1% par an en 2001-2002. On ne dispose de données chronologiques détaillées que dans le cas des États-Unis. Le graphique 5a montre que, depuis

GRAPHIQUE 5A. — ÉTATS-UNIS : INVESTISSEMENT EN ORDINATEURS (VARIATIONS ANNUELLES, %)

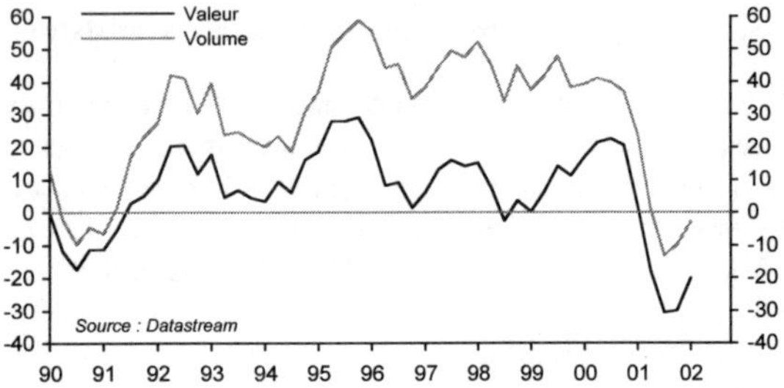

GRAPHIQUE 5B. — ÉTATS-UNIS : INVESTISSEMENT EN TECHONOLOGIE DE L'INFORMATION PLUS COMMUNICATIONS (VARIATIONS ANNUELLES, %)

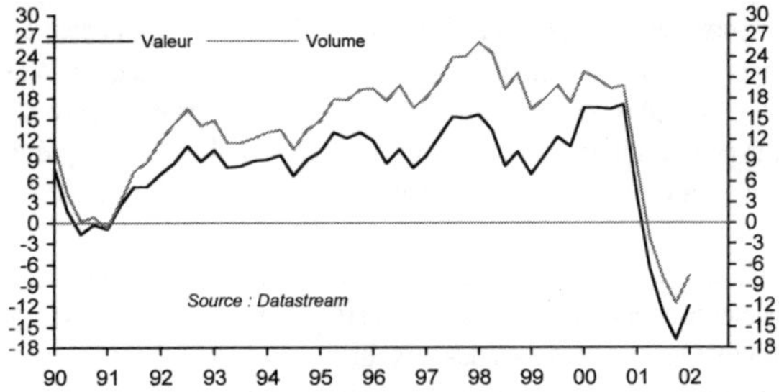

GRAPHIQUE 5C. — ÉTATS-UNIS : CONSOMMATION DES MÉNAGES EN TÉLÉCOMS (VARIATIONS ANNUELLES, %)

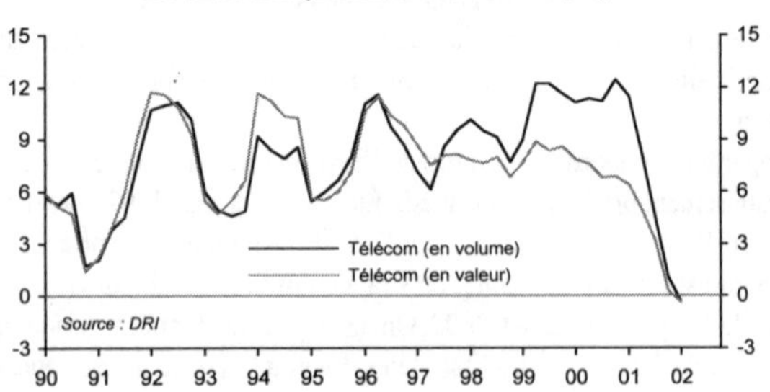

1992, le prix des ordinateurs baisse au moins de 20% par an, de 35% par an de 1995 à 1998, de près de 20% par an encore en 2002; pour l'ensemble de l'investissement en technologies de l'information et de la communication, (graphique 5b) la baisse de prix est de 6 à 7% par an de 1991 à 1994 et en 1999-2000, elle atteint 12-13% par an de 1995 à 1998, 14% seulement en 2001. Enfin, en ce qui concerne la consommation des ménages en télécommunications (graphique 5c), la baisse de prix est beaucoup plus faible, de 0 à 2-3% par an. L'effet prix est donc surtout localisé du côté des investissements.

Le tableau 3 montre les estimations disponibles de l'évolution des volumes et des prix de l'investissement en technologies de l'information et en communications. On voit que les prix des technologies de communication ne varient pas, et que les baisses de prix touchent les technologies de l'information (les ordinateurs). Les baisses sont similaires aux États-Unis et en France, beaucoup plus faibles en Allemagne puisque les prix hédoniques ne sont pas utilisés.

Si on utilise pour l'Allemagne le prix observé aux États-Unis pour l'investissement en technologies de l'information (TI), on révise de 10,5% à 20% par an la croissance en volume de cet investissement en Allemagne. Ceci peut paraître beaucoup, mais compte tenu du poids de l'investissement en TI dans l'investissement productif total, ce changement d'indice de prix ne correspond qu'à une révision à la hausse de 0,6% par an de la croissance de l'investissement productif total.

On pourrait partir directement de la comparaison des prix de l'investissement productif en France et en Allemagne : on arriverait à la même conclusion d'une faible sous-évaluation de la croissance de l'investissement des

TABLEAU 3. — INVESTISSEMENT EN TECHNOLOGIES DE L'INFORMATION ET DE LA COMMUNICATION

	États-Unis	Allemagne	France
Part dans l'investissement productif total			
Information			
1990	8,7	3,5	5,0
1996	13,4	6,1	6,0
Communication			
1990	7,0	3,7	3,8
1996	6,5	4,8	4,9
Croissance réelle 90-96			
Information	23,8	10,5	11,0
Communication	5,1	3,4	2,1
Indice de prix 90-96			
Information	-11,5	-3,2	-10,2*
Communication	-1,1	-0,4	1,2

Sources : OCDE, Bundesbank, Calculs CDC-Marchés.
* pour les matériels informatiques seuls, la baisse de prix estimée en France est de 14,5 % par an, pour les Etats-Unis de 21 % par an, pour l'Allemagne de 3 % par an.

entreprises en volume en Allemagne. Même un biais pour les prix des technologies de l'information de 20%, comme celui qui est obtenu pour les prix des ordinateurs, ne conduirait qu'à une révision à la hausse en volume en Allemagne de 1,25 % par an ou de la croissance de l'investissement.

Pour passer de la sous-évaluation de la croissance de l'investissement à celle de la croissance du PIB, en termes réels, il ne faut pas oublier qu'une large part des nouvelles technologies (ordinateurs, logiciels...) est importée par la France ou l'Allemagne.

Par définition : PIB + Imports = Consommation + Investissement + Exportations; une sous-évaluation de l'investissement (en volume) peut donc correspondre à une sous-évaluation des importations (le prix de l'investissement en TI importé étant lui-même mal mesuré) et non à une sous-évaluation du PIB. Il est d'ailleurs remarquable que le prix des importations augmente plus vite, en 1999-2000, en Allemagne qu'aux États-Unis ou en France.

Imaginons même que ce n'est pas le cas et que la totalité de l'erreur de mesure se reporte sur le PIB. L'investissement productif représentant 11% du PIB, une sous-évaluation de 1 point de sa croissance annuelle en volume ne correspond au plus qu'à une sous-évaluation de 0,1 point par an de la croissance du PIB.

L'erreur de mesure sur les prix n'explique pas le handicap de croissance de l'Europe. Ce handicap vient de l'insuffisance d'investissement (l'investissement total en technologies de l'information et de la communication représente 20% de l'investissement productif, qui fait lui-même 15% du PIB, aux États-Unis; 11% de l'investissement productif, qui fait 10% du PIB en France ou en Allemagne), de gains de productivité, de ressource en main-d'œuvre, et n'est pas lié à un problème statistique.

GRAPHIQUE 6. — ÉTATS-UNIS : CRÉATIONS D'EMPLOIS ET TAUX DE PARTICIPATION

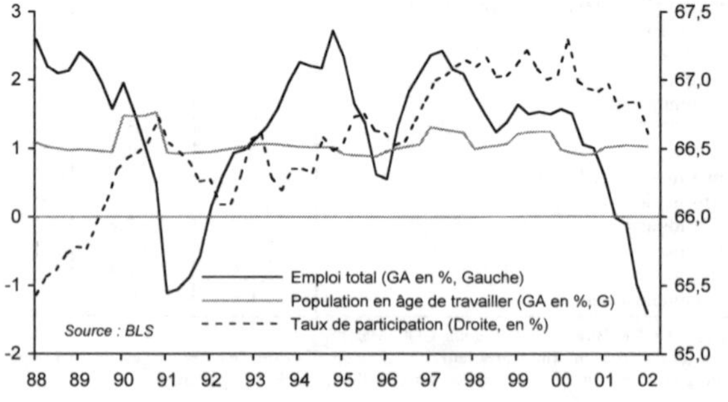

Emploi et ressources en main-d'œuvre

De 1994 à 2000, l'emploi total augmente aux États-Unis à un rythme moyen de 2 % par an (graphique 6) avant de chuter avec la récession, la population en âge de travailler de un peu plus de 1 % par an, d'où naturellement la forte baisse du taux de chômage jusqu'en 2000.

La hausse du taux de participation (partie de la population en âge de travailler) permet aux États-Unis de disposer d'une population se présentant sur le marché du travail en hausse de plus de 1,5 % par an. L'immigration contribue à accroître la population active américaine.

La situation est très différente dans la zone euro ; les graphiques 7 et 8 montrent que, depuis 1997, l'emploi croît rapidement (même en 2001) dans la zone euro, alors que la population en âge de travailler augmente très peu et

GRAPHIQUE 7. — ZONE EURO : TAUX DE CHÔMAGE, EMPLOI ET RATIO EMPLOI SUR POPULATION DE 20 À 60 ANS

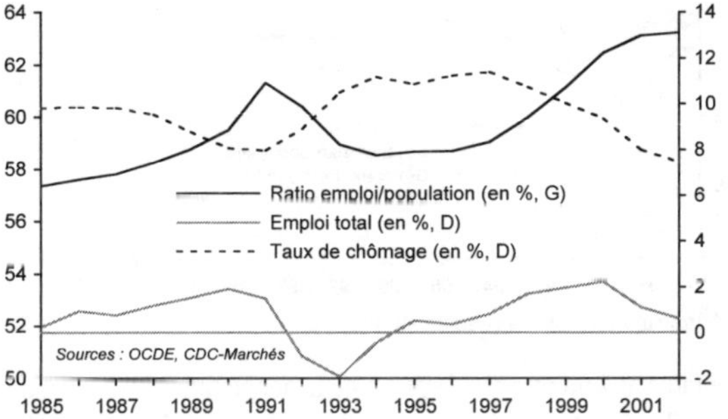

GRAPHIQUE 8. — CROISSANCE DE LA POPULATION DE 20 À 60 ANS (EN %)

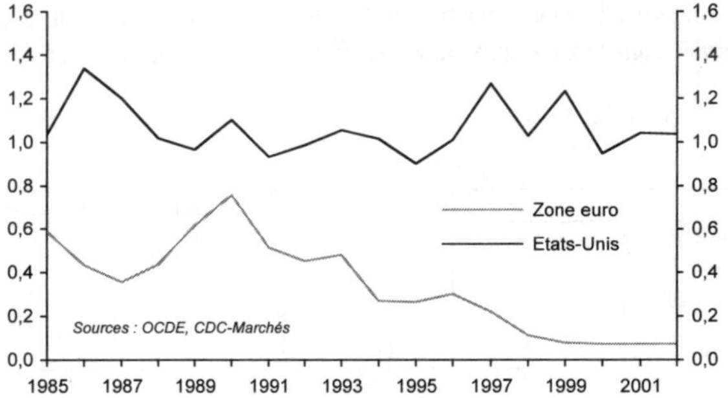

que le taux de participation n'est pas beaucoup plus élevé en 2001 (62 %) qu'en 1991 (61 %).

Si la productivité du travail n'augmente que de 1,5 % par an dans la zone euro et si la ressource en main-d'œuvre ne progresse que de 0,5 %, on voit que la croissance potentielle est pour l'instant très faible. À cette difficulté macroéconomique s'ajoutent celles liées au niveau de qualification de la population active.

La structure des emplois se déforme jusqu'à la fin de l'année 2000 en faveur des emplois dans les services nouveaux (informatique, finance, télécom...), plus qualifiés que la moyenne des emplois (graphique 9).

GRAPHIQUE 9. — ÉTATS-UNIS : EMPLOI (G.A. EN %)

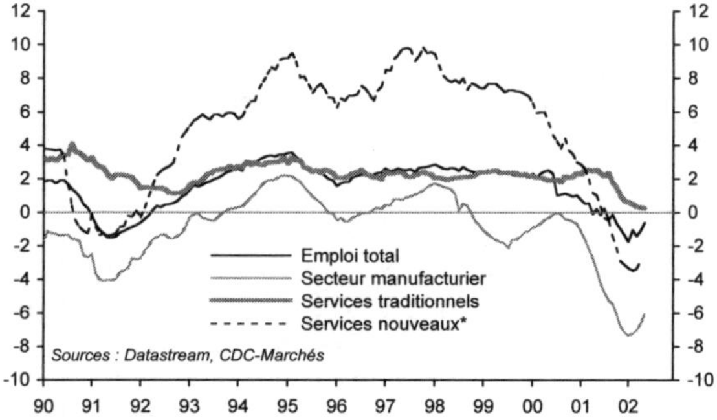

* Informatique, télécommunications, Internet.

Le tableau 4 montre que la partie de la population active qui a une qualification élevée est nettement plus faible en Europe qu'aux États-Unis.

Même si cette analyse de la structure par qualification faite par l'OCDE a été critiquée, elle semble montrer une bien moindre ressource en main-d'œuvre qualifiée dans la zone euro qu'aux États-Unis. Le taux de chômage des plus

TABLEAU 4. — POPULATION ACTIVE PAR NIVEAU DE QUALIFICATION (%, 1996)

	Faible	Élevée	Moyenne	Faible/élevée
États-Unis	14,9	24,5	60,6	0,6
France	32,9	9,3	57,8	3,5
Allemagne	18,2	11,6	70,2	1,6
Italie	66,8	7,5	25,7	8,9
Espagne	73,8	11,0	15,2	6,7

Source : OCDE, 1997.

qualifiés est déjà bas dans beaucoup de pays européens. On doit donc se demander si la zone euro ne va pas souffrir, au-delà du risque d'insuffisance globale en main-d'œuvre, un goulot d'étranglement apparaissant beaucoup plus rapidement qu'aux États-Unis en ce qui concerne la main-d'œuvre qualifiée.

Si on ajoute à cela la faible accumulation de capital vue plus haut, l'insuffisance de recherche-développement (les dépenses de recherche-développement en nouvelles technologies représentent en 1997 0,8 % du PIB aux États-Unis, 0,35 % en France ; en 1997, les États-Unis ont déposé 1,6 million de brevets, la zone euro 1 million) et on est tentés de ne pas être très optimistes en ce qui concerne le potentiel de croissance européen.

TABLEAU 5. — TAUX DE CHÔMAGE PAR NIVEAU DE QUALIFICATION

	Faible	Élevée	Moyenne	Faible/élevée
États-Unis	12,6	2,9	7,7	4,4
France	14,7	6,2	10,4	2,4
Allemagne	9,0	4,0	6,5	2,3
Italie	9,6	6,9	8,2	1,4
Espagne	23,2	14,0	18,6	1,7

Source : OCDE, 1997.

La diffusion des nouvelles technologies et du progrès technique

Une différence importante entre l'Europe et les Etats-Unis est l'absence de diffusion en Europe des nouvelles technologies en dehors des secteurs qui les produisent. Le graphique 10 montre que l'accélération des gains de productivité aux Etats-Unis vient de 3 secteurs : industrie, distribution (c'est le fameux « effet Wal Mart »), services aux entreprises. Rien ne se voit en ce qui concerne les services aux particuliers ou la construction.

GRAPHIQUE 10. — ÉTATS-UNIS : GAINS DE PRODUCTIVITÉ PAR TÊTE (EN %)

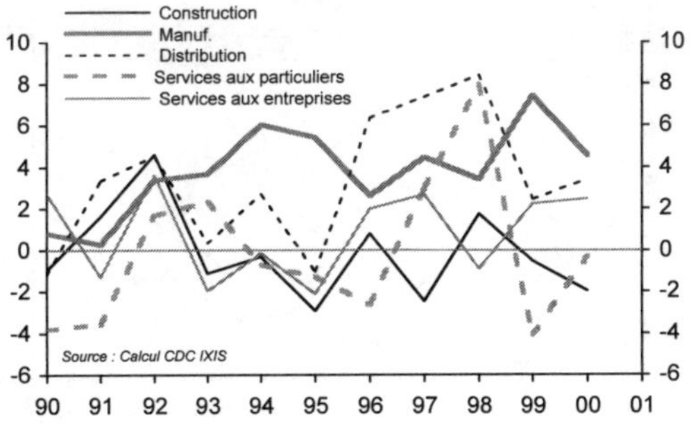

Graphique 11a. — France : gains de productivité (GA en %)

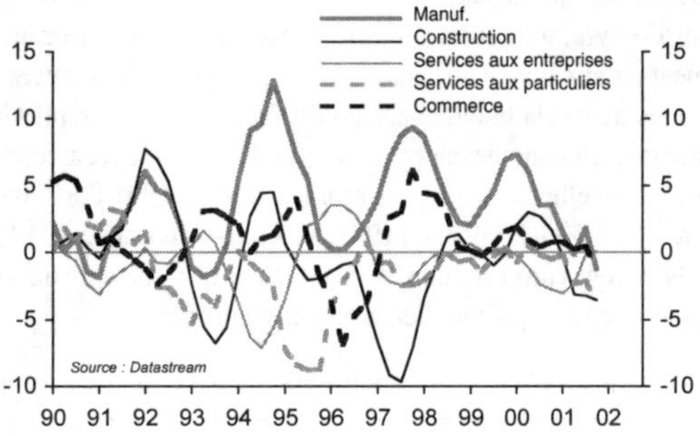

Graphique 11b. — Allemagne : gains de productivité (GA en %)

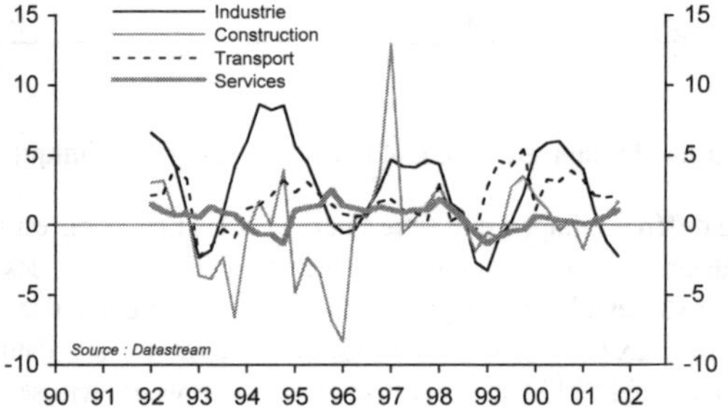

Graphique 11c. — Italie : gains de productivité (GA en %)

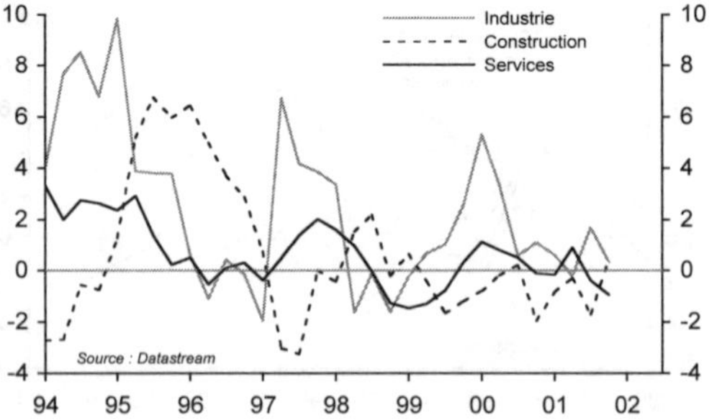

GRAPHIQUE 11D. — ESPAGNE : GAINS DE PRODUCTIVITÉ (GA EN %)

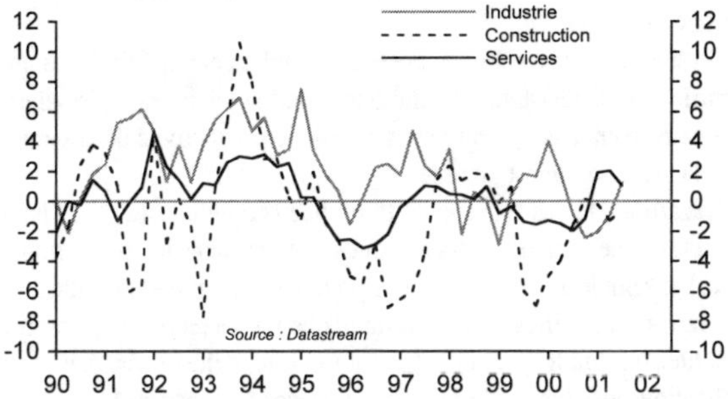

En France (graphique 11a), les gains de productivité déclinent dans tous les secteurs, et sont souvent négatifs dans la construction et les services. En Allemagne (graphique 11b), la productivité de l'industrie est très cyclique, et celle des services stagne. En Italie (graphique 11c) il y a en 2001 déclin de la productivité dans la construction et dans les services. En Espagne (graphique 11d), les gains de productivité disparaissent dans l'industrie et sont depuis 1995 le plus souvent négatifs dans la construction et les services.

Une spécificité marquante de la zone euro est donc la décroissance de la productivité en dehors de l'industrie, dans la période récente alors qu'au contraire aux Etats-Unis les nouvelles technologies semblent avoir accru la productivité aussi bien dans les services que dans la distribution. Le déclin des gains de productivité par tête peut avoir plusieurs origines :

– une baisse des coûts salariaux ;

– une baisse de la durée du travail par tête ;

– un effet de composition de l'emploi : la productivité décline si les emplois qui sont créés sont des emplois à faible niveau de productivité, pourvus par des salariés peu qualifiés.

Il y a clairement dans la zone euro un effet de composition sectorielle, puisque les secteurs où la productivité décline, donc où l'emploi progresse le plus rapidement, sont ceux où les emplois non qualifiés sont les plus nombreux : services aux particuliers, construction, distribution.

Si le déclin des gains de productivité vient de la composition des emplois créés, les conséquences sont importantes ; la production par tête moyenne diminuant, la croissance potentielle est réduite, l'économie génère beaucoup d'emplois mais pas beaucoup de PIB ou de consommation par tête. Des évolutions très négatives peuvent se produire si l'évolution des salaires ne reflète pas celle de la productivité. Ce sera le cas en particulier si le salaire minimum est supérieur à la productivité des nouveaux emplois créés. Il y aurait alors recul de la profitabilité.

Il est en effet favorable de créer des emplois peu qualifiés, ce qui réduit la partie la plus résistante du chômage, sauf si les niveaux de salaire pratiqués ne peuvent pas refléter le bas niveau de productivité de ces emplois car alors la profitabilité est atteinte.

Regardons le cas typique de la France (graphique 12). Les hausses de salaires, même si elles fluctuent, sont similaires dans la distribution, les services, l'ensemble de l'économie. Il n'y a pas d'écart important entre les hausses de salaires sectorielles. Ceci explique que les secteurs où les gains de productivité sont faibles ou négatifs sont, ex ante, défavorisés. A nouveau, une explication possible est le fait que, dans ces secteurs où le niveau de productivité est faible, les salaires butent sur la contrainte de salaire minimum. Il est clair que depuis 1998, la profitabilité des entreprises françaises se dégrade (graphique 12).

GRAPHIQUE 12. — FRANCE : SALAIRE PAR TÊTE ET PROFITS

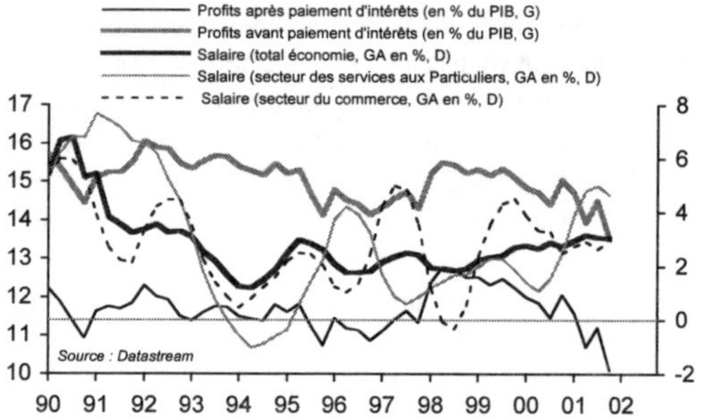

Aux États-Unis, la dégradation de la profitabilité vient de l'accélération des salaires avec le retour au plein emploi. En Europe continentale cette dégradation vient en partie de l'inadéquation entre les niveaux de salaire et les niveaux de productivité des nouveaux emplois. Aux États-Unis, les gains de productivité, liés au développement des nouvelles technologies, aux réorganisations des entreprises autour de ces technologies, se sont étendus à tous les secteurs, en particulier aux services, à la distribution; dans la zone euro, le déclin global des gains de productivité vient de la stagnation ou de recul de la productivité en dehors de l'industrie (services, distribution, construction); ce déclin vient, au moins en partie, d'un effet de composition de l'emploi : les nouveaux emplois sont peu qualifiés et ont un niveau faible de productivité.

L'absence de diffusion des nouvelles technologies en Europe est donc frappante. Les causes en sont multiples : chômage encore élevé, qualification insuffisante, difficulté de réorganisation des entreprises. Le problème pour les gouvernements européens est donc d'identifier les causes du retard de l'Europe et de mener des politiques économiques adaptées.

Quelles politiques économiques pour développer la nouvelle économie en Europe ?

Les politiques ou situations macroéconomiques ne sont pas défavorables à l'investissement et à la croissance dans la zone euro.

L'environnement macroéconomique est aujourd'hui au moins aussi favorable dans la zone euro qu'aux États-Unis : les taux d'intérêt réels sont plus bas en Europe, la politique budgétaire est plus expansionniste. La profitabilité s'accroît avec la modération des hausses de salaire ; les gains en capital en Bourse sont aussi élevés qu'aux États-Unis, de ce fait, avec une confiance des consommateurs très forte, le taux d'épargne des ménages baisse, comme aux États-Unis. Le secteur financier peut accompagner la croissance par une croissance forte des financements ; enfin, l'euro s'est beaucoup déprécié en termes réels, ce qui, au total, est favorable au travers de l'effet sur la compétitivité. On voit donc que l'environnement macroéconomique est largement aussi favorable à la croissance dans la zone euro qu'aux États-Unis. Ce n'est donc pas là qu'il faut rechercher les causes du faible développement de la nouvelle économie.

On doit donc s'interroger sur les facteurs microéconomiques de la croissance. Aux États-Unis, on sait que le supplément de croissance est dû beaucoup plus à l'effort d'investissement en nouvelles technologies qu'à la croissance du secteur qui produit les nouvelles technologies. On a vu plus haut le retard pris par la zone euro sur ce point ; un facteur favorable qu'il faut mentionner est que, grâce à la forte baisse des prix des nouvelles technologies, les acheteurs tardifs les paieront beaucoup moins cher que les acheteurs précoces, comme les États-Unis.

La demande de nouvelles technologies par les consommateurs ne semble pas non plus être un handicap systématique. On a vu plus haut qu'elle est aussi forte en Europe qu'aux États-Unis pour les téléphones portables, moins forte cependant pour Internet.

Les secteurs concernés par les nouvelles technologies (télécom, commerce, finance…) ont maintenant été autant déréglementés en Europe qu'aux États-Unis. On sait le rôle très important qu'a joué aux États-Unis le démantèlement d'ATT pour développer l'innovation et les nouveaux services et faire baisser les prix mais il n'y a plus en Europe de monopole dans les Télécommunications. On évoque aussi souvent la fiscalité, particulièrement celle qui pèse sur l'enrichissement. Cet argument non plus n'est pas convaincant : aux États-Unis, les *stocks-options* ou les gains en capital sont soumis à une fiscalité de droit commun. Que reste-t-il ?

– La flexibilité du marché du travail est souvent invoquée. Le tableau 4 montre qu'il y a en effet une corrélation négative entre les dépenses de nouvelles technologies de l'information des communications (NTIC) et le degré de protection de l'emploi (la difficulté de licencier), quoique la Suède soit une exception sur laquelle nous reviendrons dans la conclusion. L'argument est que les entreprises de NTIC sont des petites entreprises, qui connaissent des phases de succès, de recul, et qui doivent pouvoir ajuster continuellement leurs effectifs.

TABLEAU 6. — FLEXIBILITÉ, COÛTS ET NOUVELLES TECHNOLOGIES DE L'INFORMATION ET DE LA COMMUNICATION (NTIC)

	Dépenses de NTIC (% PIB)	Degré de protection de l'emploi*	Coût d'accès à Internet (dollars par 20 heures)
Nouvelle-Zélande	8,5	1,0	42
Suède	8,3	2,8	39
Australie	8,1	1,2	38
États-Unis	7,9	0,2	33
Suisse	7,8	n.d.	73
Royaume-Uni	7,5	1,0	55
Canada	7,4	0,6	28
Japon	7,4	2,6	83
Pays-Bas	7,0	2,7	53
France	6,3	2,8	58
Allemagne	5,5	3,2	67
Italie	4,3	3,8	66
Espagne	4,1	3,5	86

* Échelle de 0 à 4.
Source : OCDE, 2000.

– Le coût d'accès aux nouvelles technologies (par exemple d'accès à Internet), qui est aussi assez bien corrélé à leur développement (à nouveau avec quelques exceptions, Suisse par exemple). Si cet argument est correct, l'ampleur de la taxe levée sur le secteur des télécom par la vente des licences UMTS (téléphonie mobile de 3e génération) en Europe (150 Mds d'euros) doit rendre pessimiste, cette taxe se transformant naturellement en hausse des tarifs pour le consommateur européen, donc en un nouvel handicap de coût.

– L'insuffisant développement des marchés financiers spécialisés qui limite les possibilités du financement du secteur directement, ou en rendant moins liquides, moins faciles à céder, les titres des entreprises des nouvelles technologies.

Il faut aussi mentionner la plus grande facilité qu'il y a à créer une entreprise aux États-Unis : aux États-Unis, il faut en moyenne 500 $ et 1 semaine pour créer une entreprise ; dans la zone euro, 1500 $ et 11 semaines. On sait aussi que les liens entre la recherche universitaire et les entreprises sont beaucoup plus étroits aux États-Unis.

La zone euro est très en retard sur les États-Unis dans le développement des nouvelles technologies et plus généralement dans l'accélération de gains de productivité, donc dans l'augmentation de la croissance potentielle. On peut croire qu'il ne s'agit que d'un retard de quelques années, mais il existe de nombreux arguments (rendement d'échelle, qualification et effort de requalification, démographie...) en faveur de la thèse d'un retard sinon irréversible, du moins très durable.

Les politiques publiques à mener en Europe pour stimuler la croissance se situent probablement maintenant beaucoup plus dans le domaine de la microéconomie que de la macroéconomie.

Les politiques macroéconomiques ne sont plus restrictives, comme au début des années 1990 et le retard accumulé vis-à-vis des États-Unis ne se comble pas. Ceci signifie que les handicaps sont ailleurs : inefficacité de la recherche, concurrence insuffisante pour faire baisser les prix, lourdeurs administratives.

V / Nouvelle économie et inégalités de revenus

Ce qui précède a permis de voir les aspects positifs de la nouvelle économie sur la croissance, l'inflation, les créations d'emploi... On a vu aussi que, pour l'instant et bien qu'il y ait débat autour des chiffres, l'accélération de la croissance était bien davantage liée à l'accroissement de l'accumulation de capital, donc à la hausse du capital par tête, qu'à l'augmentation de la productivité globale des facteurs, celle-ci pouvant peut-être apparaître dans le futur. Cette observation est le point de départ de la première partie de ce chapitre ; l'augmentation de l'intensité capitalistique a un coût, qui est souvent ignoré, et qu'il faut mettre en face de la baisse induite du coût du travail.

Elle peut être à l'origine d'un conflit de répartition : elle nécessite une hausse de la part des profits dans la valeur ajoutée pour maintenir la rentabilité du capital alors que le plein emploi pousse plutôt à une hausse de la part des salaires.

On sait aussi et c'est l'objet de la seconde partie de ce chapitre, que la nouvelle économie utilise des technologies qui ont un « biais de qualification » au profit des salariés plus qualifiés. Il y a donc un risque d'ouverture des inégalités mais nous verrons qu'il faut relativiser ce risque : d'une part les inégalités intraniveaux de formation (entre les individus de même niveau de formation) augmentent plus, dans la période récente, que les inégalités interniveaux de formation (entre individus de niveaux de formation différents). D'autre part, l'ouverture des inégalités semble n'être que transitoire.

Finalement, est-il si sûr que la nouvelle économie entraîne une augmentation inacceptable des inégalités ?

La nouvelle économie, source d'un conflit de répartition ?

La nouvelle économie impose une forte augmentation de l'accumulation de capital.

Pour incorporer les technologies nouvelles au capital productif, il est nécessaire de renouveler celui-ci. De plus, la durée de vie des investissements en nouvelles technologies est plus courte que celle des biens d'équipement traditionnels. Ceci impose un effort d'accumulation important, comme le montre l'exemple déjà décrit des États-Unis. Comme on l'a déjà vu, le taux d'investissement en volume y est passé de 6 à 11 % (du PIB) en 10 ans avec un pic en 2000, le taux d'investissement en valeur (nous reviendrons plus loin sur l'évolution des prix relatifs) de 7,5 à 10 %. La part des nouvelles technologies dans l'investissement productif en volume est considérable (presque 50 %). Il en résulte une croissance rapide du stock de capital, et une hausse de l'intensité capitalistique (rapport stock de capital/PIB) en volume ou du capital par tête (stock de capital/emploi) comme on l'a vu plus haut.

Le graphique 1 permet de visualiser la hausse de stock d'ordinateurs par salarié aux États-Unis : cette hausse débute dans les années 1980 et accélère au milieu des années 1990.

Graphique 1. — États-Unis : taux d'équipement en ordinateur par travailleur

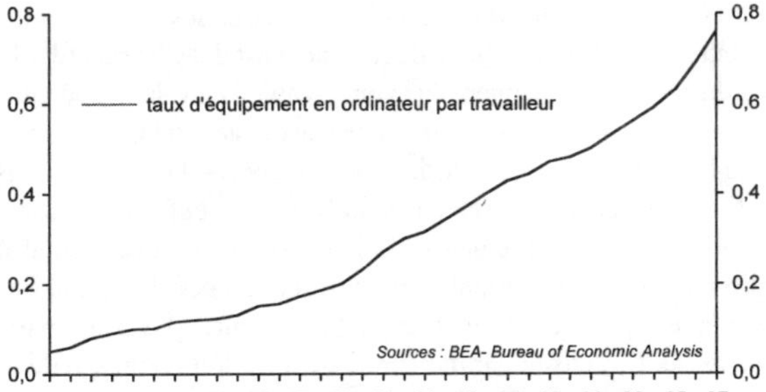

Il est donc important de rappeler qu'il n'y a pas beaucoup d'accélération forte de la productivité globale des facteurs (productivité de l'ensemble capital-travail) aux États-Unis pendant les années 1990 ; une augmentation forte aurait indiqué un effet gratuit des nouvelles technologies sur la croissance; au contraire, il y a un coût reflété par le besoin d'une accumulation supplémentaire de capital, qui s'oppose au gain sur le coût du travail dû à l'amélioration de la productivité du travail.

Au milieu des années 1990, Robert Solow a formulé son célèbre paradoxe : « Je vois des ordinateurs partout, sauf dans les chiffres de la productivité ». Ce n'est plus vrai au début des années 2000 en ce qui concerne la productivité du travail, c'est toujours presque vrai en ce qui concerne la productivité globale des facteurs.

Hausse de l'intensité capitalistique : bonne ou mauvaise chose ?

On examine souvent l'évolution récente des États-Unis du point de vue de l'économie réelle : puisque l'investissement s'accroît rapidement, d'une part la demande et la croissance sont fortes, d'autre part, les gains de productivité sont rapides, ce qui augmente la croissance potentielle et réduit les coûts unitaires de production. On suggère alors à l'Europe de réaliser le même effort d'investissement que les États-Unis pour connaître la même croissance de long terme.

On doit cependant aussi s'interroger sur le coût de cette évolution vers une intensité capitalistique de plus en plus forte. Le capital, outre l'autofinancement, est financé par des actions et par de la dette, et le coût du capital est la moyenne pondérée du coût des actions et du coût de la dette. Une première façon de raisonner est donc de regarder l'évolution du coût de financement du capital (capital en valeur, coût du capital). On peut aussi se placer du point de vue des actionnaires, et ne regarder que l'évolution du coût de la dette des entreprises, la dette s'accroissant pour financer l'accumulation de capital. On peut enfin s'interroger sur l'évolution des amortissements (de la consommation de capital fixe), de plus en plus élevés normalement puisque le stock de capital est plus important et la durée de vie du capital plus courte. La contrepartie de la hausse de l'intensité capitalistique devrait donc être, quelle qu'en soit la mesure, une hausse du coût du capital payé par les entreprises.

Cette évolution si elle est confirmée peut être considérée comme négative : si la hausse de la productivité du travail réduit les coûts variables de production (le coût du travail), la hausse de l'intensité capitalistique accroît les coûts fixes de production (le coût du capital).

Une estimation de la hausse du coût du capital

À long terme, l'excès de rendement des actions par rapport à la dette est de six points. Ce chiffre est obtenu en comparant sur la très longue période (20 ans) le rendement d'un portefeuille d'actions et celui d'un portefeuille d'obligations publiques. On peut donc calculer le coût du capital en valeur par :

coût du capital = capital en valeur x [d x r + (1-d) (r + 6 %),]

où d représente la partie du capital financée par la dette et (1-d) représente la partie du capital financée par des actions, et r le taux d'intérêt réel à long terme. On appelle levier d'endettement le rapport d = Dette/Capital.

(Le capital des entreprises est financé soit par dette soit par actions : Capital = dette + actions émises.)

Le graphique 2 montre le résultat de ce calcul, où nous calculons le taux d'intérêt réel en corrigeant le taux d'intérêt nominal de la hausse du prix du PIB (nous examinerons plus loin le problème de l'évolution du prix relatif de l'investissement).

On voit sur le graphique 2 la hausse du levier d'endettement pris par les entreprises américaines. Ceci a réduit le coût du capital (en réduisant la composante liée au coût des actions) et permis que le coût

GRAPHIQUE 2. — ÉTATS-UNIS : TAUX D'INTÉRÊT RÉEL ET COÛT DU CAPITAL

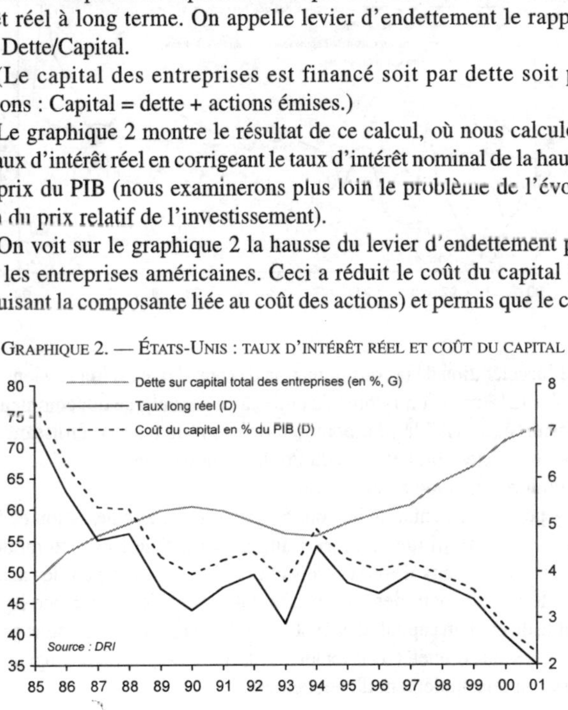

du capital ainsi calculé soit stable, en pourcentage du PIB (4 % environ) jusqu'en 1999.

Si le levier d'endettement augmente et si la rémunération des actions est supérieure au coût de la dette, le coût total de financement du capital diminue.

Le graphique 3 permet de voir l'évolution de la consommation de capital fixe des entreprises et du *Produit intérieur net* (PIB – Consommation de capital fixe totale, c'est-à-dire PIB – amortissements). La consommation de capital fixe représente l'usure du capital, son amortissement.

GRAPHIQUE 3. — ÉTATS-UNIS : CROISSANCE ET PRODUIT INTÉRIEUR NET EN VOLUME (GA EN %)

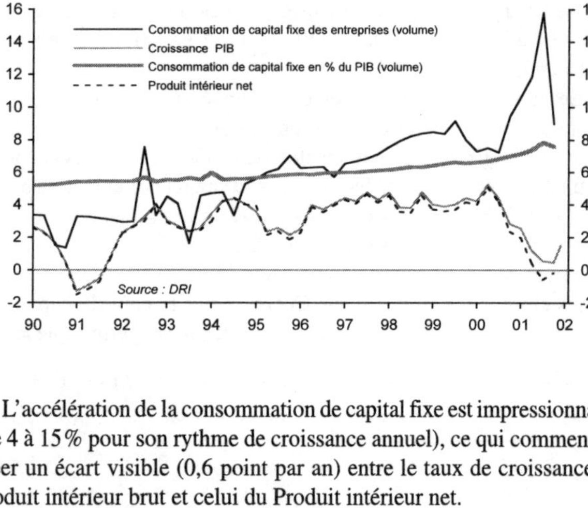

L'accélération de la consommation de capital fixe est impressionnante (de 4 à 15 % pour son rythme de croissance annuel), ce qui commence à créer un écart visible (0,6 point par an) entre le taux de croissance du Produit intérieur brut et celui du Produit intérieur net.

Pour résumer, on a pour l'instant :

– peu d'augmentation du coût financier lié à l'augmentation de l'intensité capitalistique ; malgré l'augmentation de l'endettement, le niveau bas des taux d'intérêt réels et la réduction de la part des actions dans le financement des entreprises ont permis de limiter une hausse visible du coût du capital. Il ne faut cependant pas ignorer le risque potentiel : si les taux d'intérêt réels remontaient, ce coût augmenterait rapidement en raison du supplément d'endettement ;

– mais le coût d'amortissement du capital a fortement augmenté, à la fois avec la hausse de l'intensité capitalistique et avec la baisse de la durée de vie des équipements.

Il existe cependant une thèse plus optimiste : la hausse de l'investissement n'est pas une obligation résultant du changement technologique, mais la conséquence de la baisse du prix relatif des nouvelles technologies.

Le rôle de l'évolution du prix relatif de l'investissement

Le graphique 4 montre l'évolution des prix et des prix relatifs ; celui de l'ensemble de l'investissement baisse de 3 % par an cnviron, celui de l'investissement en informatique (au sens large) de 5 à 7 % par an, et ce depuis très longtemps. De 1985 à 2000, le prix relatif de l'investissement productif (par rapport au prix du PIB) a baissé de 35 %, le prix relatif de l'investissement en informatique de 60 %.

GRAPHIQUE 4. — ÉTATS-UNIS : DÉFORMATION DES PRIX RELATIFS (GA EN %)

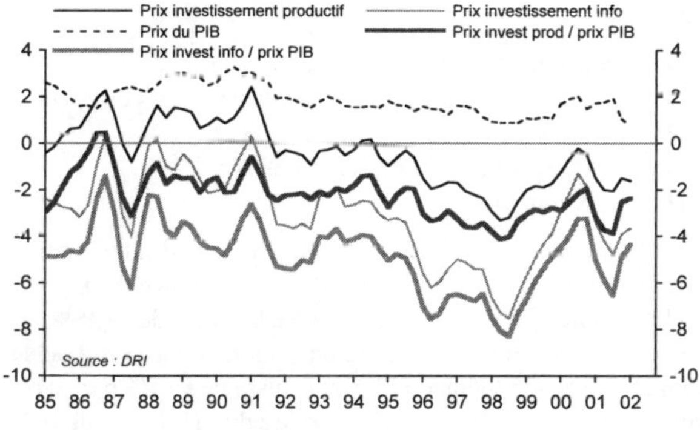

Cette évolution des prix relatifs doit être intégrée dans l'analyse, mais ses effets sont complexes :

– elle réduit, comme on l'a vu, le prix d'achat des biens d'équipement, donc le taux d'investissement en valeur pour un taux d'investissement en volume donné, ce qui rend l'investissement plus facile à financer, et moins consommateur d'épargne au niveau macroéconomique ; ce phénomène est favorable ;

– elle accroît le coût réel du capital : en effet, le taux d'intérêt réel doit être calculé comme le taux d'intérêt nominal moins le taux de croissance du prix de l'investissement et non comme le taux d'intérêt nominal moins le taux de croissance du prix du PIB et ceci est très défavorable, en accroissant le taux d'intérêt réel de 3 points environ puisque le prix de l'investissement progresse en moyenne de 3 points de moins chaque année que le prix du PIB (voir le graphique 4).

Pour comprendre ceci, il faut revenir sur la notion de coût d'usage du capital. Une entreprise achète du capital à la date t en s'endettant au taux d'intérêt r. À la date $t + 1$, elle peut revendre son capital sur le marché secondaire. Elle perd l'usure, c'est-à-dire l'obsolescence du capital (que nous notons δ ci-dessous) qui réduit sa valeur ; mais elle réalise une plus-value en capital, donc gagne, si le prix du capital (des biens d'équipement) monte. Par contre, si comme dans le cas du capital en nouvelles technologies, le prix du capital baisse, elle réalise une perte en capital. Son coût de financement complet (le coût d'usage du capital) est donc :

r (taux d'intérêt) + δ (usure du capital)
$-\dot{p}$ (taux de croissance du prix des biens d'équipement)
et $\dot{p} < 0$ si le prix diminue.
Le coût C en valeur, du capital est alors :
$C = p\,(R + \delta - \dot{p})$

p est le prix des biens d'équipement, R le taux d'intérêt nominal, δ le taux d'usure du capital, $\dot{p}$ le taux de croissance de p.

Le premier effet (favorable) est lié à la baisse de p (35 % relativement au prix du PIB depuis 15 ans) qui réduit le prix d'achat du capital ; le second (défavorable) à la baisse de $\dot{p}$ (3 % par an relativement au prix du PIB) et à la hausse de δ due à la baisse de la durée de vie des équipements. On voit l'ambiguïté de l'effet total de la baisse de p sur le coût du capital en valeur.

On peut penser qu'à court terme l'effet lié à la baisse du prix l'emporte : il est plus facile d'investir. Il n'est pas sûr non plus que les entreprises intègrent dans leurs comportements le fait que si elles attendaient pour investir, elles paieraient moins cher les biens d'équipement. Revenons maintenant au possible conflit de répartition.

Les problèmes de répartition

L'encadré ci-dessous montre que la nouvelle économie, que nous représentons essentiellement par une hausse du besoin de capital productif (puisque c'est le capital qui incorpore les nouvelles technologies) devrait en théorie :

– accroître la part du revenu du capital et diminuer la part du revenu du travail dans le PIB, puisque le besoin en capital est accru (l'intensité capitalistique est accrue);

Conflit de répartition

Supposons que la nouvelle économie impose une hausse de l'intensité capitalistique : la fonction de production supposée de type Cobb-Douglas passe de :

$$(1)\, Y = AK^{\alpha} N^{1-\alpha}$$

à : $$(2)\, Y = AK^{\beta} N^{1-\beta}$$

avec $\beta > \alpha$: le capital devient davantage nécessaire pour réaliser la production.

– où Y est la production, A la productivité globale des facteurs, K le stock de capital, N la population active. Le partage des revenus s'écrit puisque la fonction de production est homogène de degré 1 (une hausse de 1 % du capital et du travail accroît de 1 % la production) :

(3) Production (Y) = revenu du capital (rK) + revenu du travail (wN)

– où r est le taux d'intérêt et w le salaire : la production se partage entre le revenu du capital et le revenu du travail. Ceci permet d'analyser le conflit de répartition.

Si α (le besoin en capital) augmente, K augmente puisque le capital devient relativement plus utile que le travail pour produire ; on a :

$$(4)\, \frac{\text{revenu du capital (rK)}}{\text{production (Y)}} = \alpha$$

la part du revenu du capital dans la production doit passer de α à β puisque le capital devient plus important pour produire ; ceci veut dire que la part du revenu du travail doit baisser. Au plein emploi, ceci implique une baisse du salaire par tête seul moyen de faire baisser le coût du travail, qui peut être impossible à réaliser.

La hausse, souhaitée par les entreprises de l'intensité capitalistique, exige normalement une baisse de la part du revenu du travail dans la production. Lorsque l'emploi est égal à la population active, c'est-à-dire au plein emploi, ceci entraîne une baisse du salaire par tête.

– accroître le capital par tête et l'intensité capitalistique (capital/PIB), ce qui est bien le cas comme on l'a vu plus haut.

Le graphique 5 montre que le taux de salaire réel progresse moins vite que la productivité du travail jusqu'en 1993, et que ceci est à nouveau le cas depuis le milieu de 1998 jusqu'au début de 2002.

GRAPHIQUE 5. — ÉTATS-UNIS : PRODUCTIVITÉ ET SALAIRE RÉEL (GA EN %)

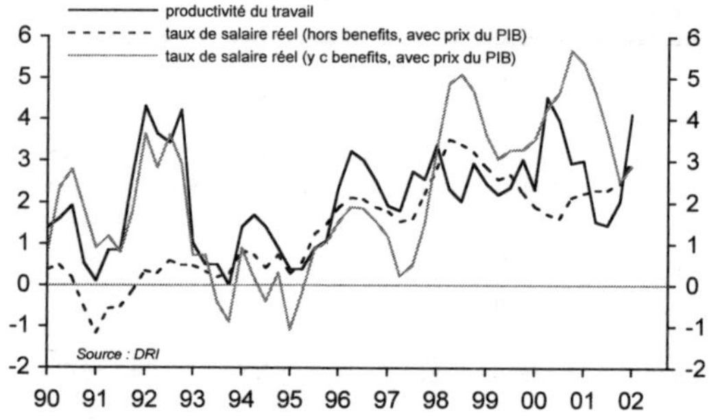

Cependant, quand on inclut l'ensemble des coûts salariaux, on voit (graphique 6) que la part du coût du travail dans le PIB baisse jusqu'en 1994, puis se stabilise jusqu'en 1996, et monte de 1997 à 2001. On n'a donc pas, pour l'instant, de signe visible de baisse de la part des salaires, au contraire. Le conflit de répartition implique normalement,

GRAPHIQUE 6. — ÉTATS-UNIS : TAUX DE CHÔMAGE ET COÛT DU TRAVAIL

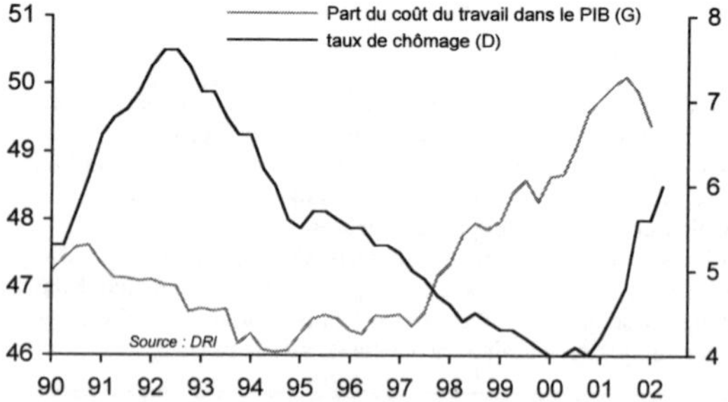

on l'a vu plus haut, une baisse de la part des salaires ; on a une hausse de la part des charges salariales, bien que le salaire réel hors charges augmente à peu près comme la productivité, parce que les autres composantes du coût du travail (charges sociales d'employeurs) augmentent aux États-Unis.

Que se passe-t-il si le fonctionnement du marché du travail est tel que la part des salaires dans la valeur ajoutée ne peut pas baisser (par exemple parce que les salaires sont liés à la productivité du travail) ? La hausse de la part du revenu du capital ne pourrait pas se réaliser, malgré la hausse du capital par tête, puisqu'elle implique une baisse de la part du revenu du travail et la profitabilité des entreprises diminuerait.

Ceci est le cas : on voit sur le graphique 7 que, de 1995 à 2000, la part des profits dans le PIB est constante, avec de grosses variations : recul des profits en 1998, avec la poussée salariale, remontée en 1999 et 2000, effondrement naturellement avec la récession de 2001. Mais ceci implique que le ratio profits/capital diminue, puisque l'intensité capitalistique (même en valeur) s'accroît, et que le ratio profits/PIB est stable.

Graphique 7. — États-Unis : croissance et profits

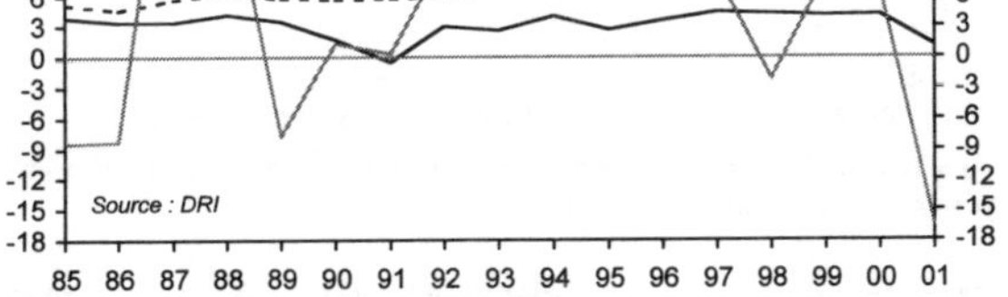

On ne peut donc pas exclure, dans le futur, que la contradiction entre la nécessaire hausse de la part des profits dans le PIB et la tension à la hausse des salaires avec le plein emploi ne conduise à une baisse du rendement du capital. Contrairement à une idée reçue, la nouvelle économie, au travers de la hausse de l'intensité capitalistique pourrait entraîner une baisse de la profitabilité.

Les inégalités salariales intergroupes et intragroupes

Creusement des inégalités

Nous voulons ici nous intéresser au risque que le développement des nouvelles technologies de l'information contribue à creuser les inégalités de revenus entre les ménages américains.

Bien qu'atténué, le creusement des inégalités entre les ménages continue de s'intensifier, quels que soient les critères utilisés (âge, sexe, éducation, salaires individuels ou revenus des ménages). C'est ce qu'indique l'évolution de l'indice de concentration (le saut de 1993 correspond à un changement dans la méthode de calcul du *Census Bureau*) (graphique 8). L'augmentation continue de l'indice reflète la dispersion croissante de la distribution du revenu des ménages américains depuis 1970. (Voir sur le sujet des inégalités Acemoglu (1998 et 2000), Bartel-Sicherman (1999), Berman-Bound-Griliches (1994), Brender-Pisani (1999), Goldin-Katz (1999), Hoxby-Terry (1999), Katz-Autor (1998), Mincer-Danninger (2000), Rubinstein-Tsiddon (1999).)

GRAPHIQUE 8. — ÉTATS-UNIS : INDICE DE CONCENTRATION DU REVENU DES MÉNAGES*

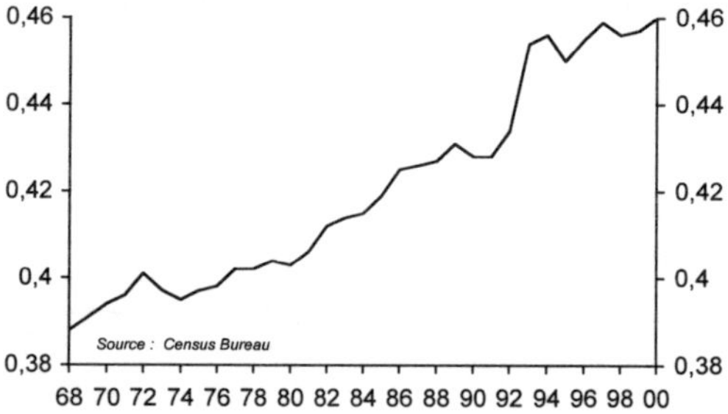

* Une hausse de cet indice indique que la distribution des revenus entre les ménages devient plus inégalitaire.

Sur une période plus longue, l'élargissement des inégalités est plus perceptible encore. La répartition par quintiles du revenu des ménages s'illustre par un biais en faveur des ménages les plus riches (graphiques 9a, 9b, 9c).

L'analyse des revenus d'activité montre aussi que les différences sont de plus en plus marquées entre catégories de travailleurs sur le marché du travail. Elles sont généralement accentuées par les facteurs de différenciation habituels que sont l'expérience et le niveau d'éducation.

Graphique 9a. — Répartition du revenu des ménages par quintiles*

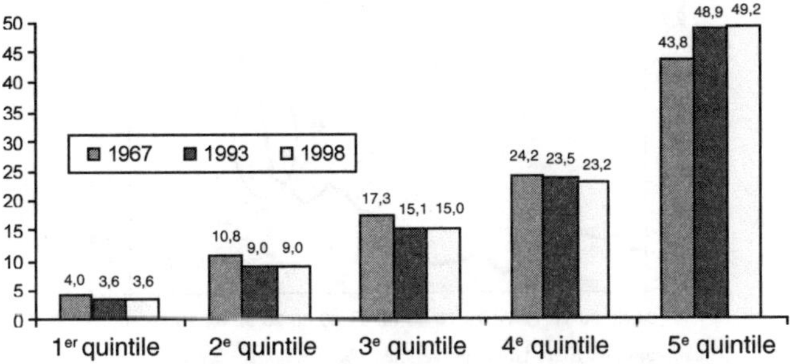

* Le premier quintile correspond à la proportion du revenu total reçue par les 20% de ménages les plus pauvres, etc.

Graphique 9b. — États-Unis : inégalités de revenu (population masculine, déciles)

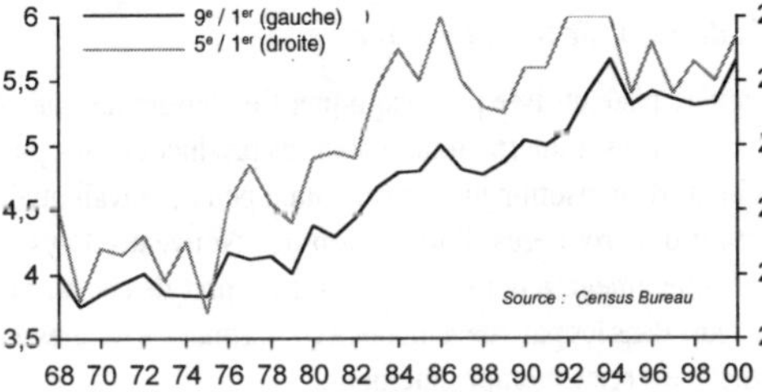

Graphique 9c. — États-Unis : inégalités de revenu (population féminine, déciles)

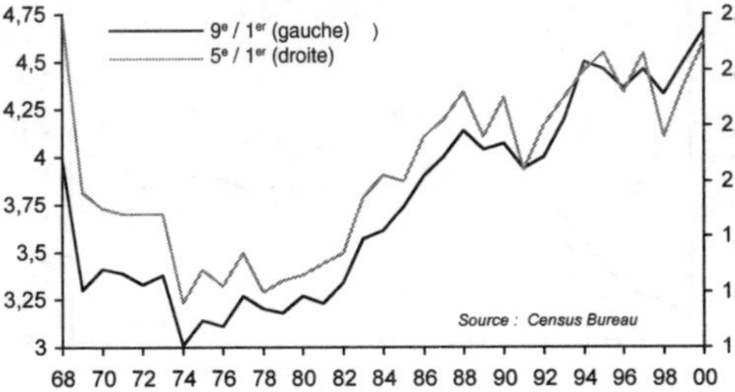

GRAPHIQUE 10A. — ÉTATS-UNIS : REVENUS RELATIFS ANCIENS ÉLÈVES DE *HIGH-SCHOOL* ET ANCIENS ÉLÈVES DE *COLLEGES*[1] (DOLLARS COURANTS)

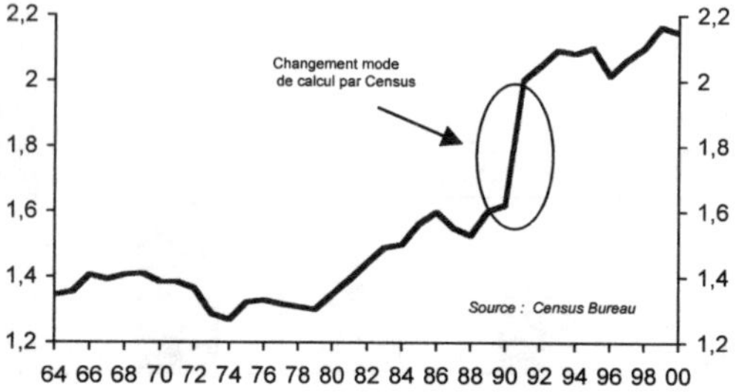

1. *Colleges* aux États-Unis : universités ; *high-schools* : lycées.

Après une période de relative stabilité puis un large déclin au cours des années 1970, l'écart de rémunération entre travailleurs qualifiés et non qualifiés s'est fortement accentué lors des deux dernières décennies. La prime à la qualification est devenue un facteur non négligeable de creusement des inégalités au cours des vingt dernières années (graphique 10a et 10b).

L'effet de la demande de travail qualifié

Une première piste utilisée pour expliquer l'ouverture des inégalités salariales est la concurrence internationale pour les productions les plus simples, comme les biens de consommation, nécessitant peu de travail qualifié.

L'ouverture des frontières, l'apparition des Nouveaux Pays Industriels en Asie particulièrement, a poussé à la baisse les prix de ces biens, poussant leurs producteurs dans les pays développés à comprimer les salaires. Cependant, cette hypothèse est rejetée empiriquement.

GRAPHIQUE 10B. — ÉTATS-UNIS : DIFFÉRENCES DE SALAIRES ENTRE DIPLÔMÉS DE *HIGH SCHOOL* ET DE *MASTER'S DEGREE*

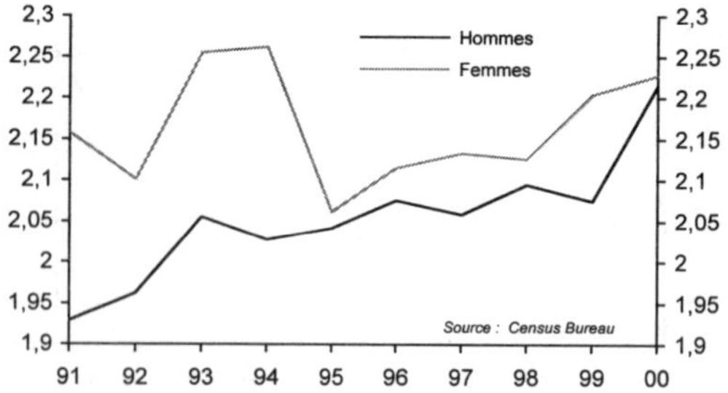

Si les salaires relatifs baissent dans les entreprises les moins sophistiquées, ce n'est pas vrai pour les prix des biens qu'elles produisent.

On peut alors tenter d'expliquer l'évolution récente des inégalités à l'aide de l'analyse traditionnelle des effets d'offre et de demande sur le marché du travail.

Pour fixer les idées, on peut segmenter le marché du travail en deux sous-groupes (qualifiés/non qualifiés, *college/high school*, expérimentés/débutants…). Les salaires des deux catégories de travail dépendent de leurs productivités respectives. Comme ces dernières sont des fonctions décroissantes de la quantité de travail utilisée (productivité marginale décroissante), la fonction de demande de travail adressée à chaque catégorie de travailleur est décroissante du salaire : si le salaire d'une catégorie de travailleurs augmente, la demande pour cette catégorie diminue, ce qui est bien naturel.

L'équilibre du marché du travail résulte de l'équilibre entre l'offre (comportement des salariés) et la demande de travail, pour chaque catégorie de salariés. Cet équilibre détermine les salaires des travailleurs qualifiés et non qualifiés.

Depuis la fin des années 1960, le pourcentage d'individus dans la population active détenant un diplôme universitaire n'a cessé de croître ; la croissance a été particulièrement forte au cours des décennies 1970 et 1980 (graphique 11). Les outils conventionnels de l'analyse économique suggèrent que ce mouvement aurait dû s'accompagner d'une réduction de l'écart de salaire entre travailleurs qualifiés et non qualifiés, puisque davantage de qualifiés se présentaient sur le marché du travail.

Or il n'en est rien. Il est en effet frappant de constater que malgré la hausse de la part relative de main-d'œuvre diplômée, la prime à la qualification s'est accrue. C'est donc du côté de la demande qu'une réponse à

GRAPHIQUE 11. — ÉTATS-UNIS : NOMBRE MOYEN D'ANNÉES D'ÉDUCATION

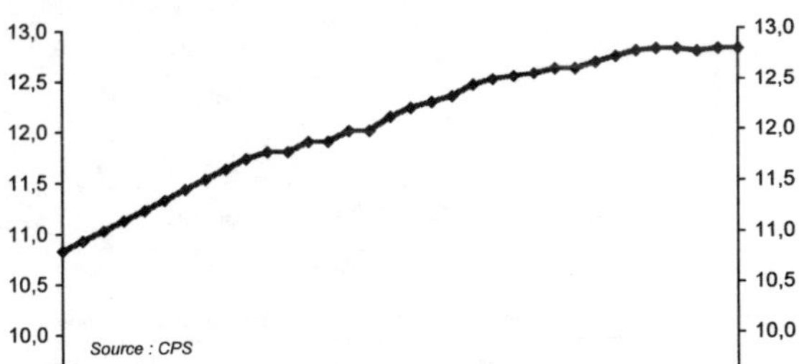

l'accroissement des inégalités doit être recherchée. En effet, seules une hausse marquée de la demande de travailleurs qualifiés et une diminution de la demande de travailleurs non qualifiés ont permis au salaire relatif des travailleurs qualifiés de croître. C'est ce qu'on appelle le *skilled biased technological progress* : l'évolution des technologies accroît fortement la demande de travail qualifié relativement à la demande de travail non qualifié.

La littérature économique analyse ce mécanisme en introduisant la notion de complémentarité du capital et du travail (utiliser du capital impose d'utiliser du travail dans une quantité de capital) et de substituabilité du capital au travail (on peut remplacer des hommes par des machines). Soit, dans la nouvelle économie, le capital est complémentaire au travail qualifié alors que dans la vieille économie le capital est substituable au travail non qualifié, ce qui est une hypothèse vérifiée empiriquement. Le déplacement du capital de la vieille vers la nouvelle économie accroît alors le salaire relatif des qualifiés en accroissant la demande relative de travail qualifié. Soit, le capital étant complémentaire au travail qualifié et substituable au travail non qualifié, une hausse de l'intensité capitalistique dans l'ensemble de l'économie accroît aussi le salaire relatif des qualifiés en réduisant le besoin de travail non qualifié.

Lien sectoriel entre nouvelles technologies et rémunération

Les rémunérations tendent à être plus élevées dans les secteurs où l'investissement dans les nouvelles technologies est élevé (graphique 12).

La corrélation entre investissement technologique, main-d'œuvre qualifiée et augmentation des inégalités salariales est liée à l'écart de productivité induit par la nature même de l'investissement (graphique 13).

GRAPHIQUE 12. — ÉTATS-UNIS : RÉMUNÉRATIONS SALARIALES RÉELLES (HAUSSE EN %) ET INVESTISSEMENT TECHNOLOGIQUE (NIVEAU MOYEN) 1979-1989

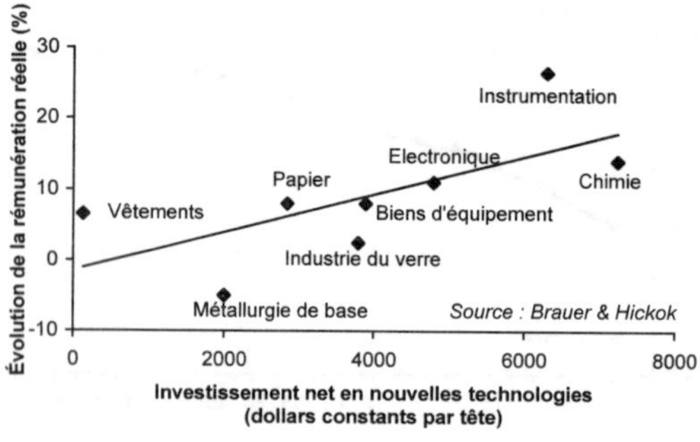

GRAPHIQUE 13. — ÉTATS-UNIS : GAINS DE PRODUCTIVITÉ DES BRANCHES QUALIFIÉES ET NON QUALIFIÉES DU SECTEUR MANUFACTURIER (BASE 100 : 1977)

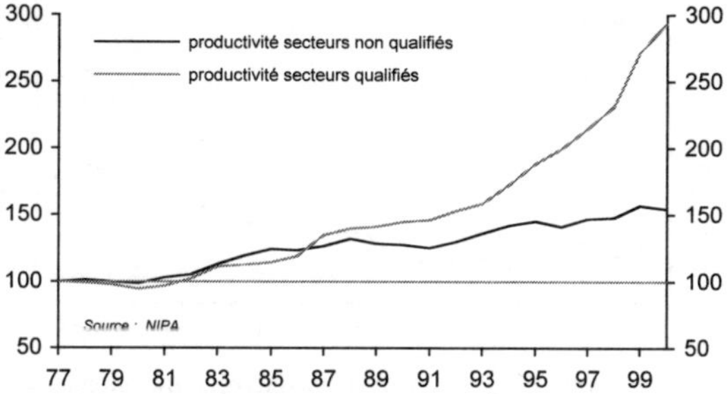

L'augmentation des gains de productivité sur la période 1993-1997 est principalement imputable au secteur des biens d'équipements et de l'électronique. Ce dernier point est conforme à l'analyse des gains de productivité du secteur manufacturier effectuée par Robert Gordon (*Has the New Economy Rendered the Productivity Slowdown Obsolete*) dont il ressort que l'augmentation des gains de productivité dans le secteur manufacturier est entièrement localisée dans les biens durables et, au sein de cette catégorie, en grande partie dans la production d'ordinateurs.

Les inégalités peuvent être le résultat d'un facteur pratiquement accidentel : les salariés qui ont la chance d'être dans un des secteurs où l'investissement en technologies est élevé bénéficient des gains induits de productivité du travail et obtiennent des rémunérations plus élevées.

Les inégalités intragroupe

Si les deux dernières décennies ont connu un creusement significatif des inégalités intercatégorielles, elles se caractérisent aussi par l'accentuation des inégalités intragroupe. D'après le *Council of Economic Advisers*, (rapport annuel au Président, 1999) « les inégalités intragroupe sont à l'origine de plus des deux tiers du creusement des inégalités ». Les différentiels de salaires entre individus d'une population dont les caractéristiques observables sont identiques (expérience, âge, éducation…) se sont intensifiés (graphiques 14 et 15). À titre d'illustration, la différence entre le salaire réel (dollars 1995) d'un homme du dernier décile et un homme du premier décile de la population masculine ayant une expérience universitaire est passée de 13 275 dollars en 1972 à 49 000 dollars en 1995.

GRAPHIQUE 14. — ÉTATS-UNIS : INÉGALITÉS SALARIALES DE LA POPULATION MASCULINE, NIVEAU D'ÉTUDE COMPARABLE – LYCÉE (DÉCILES)

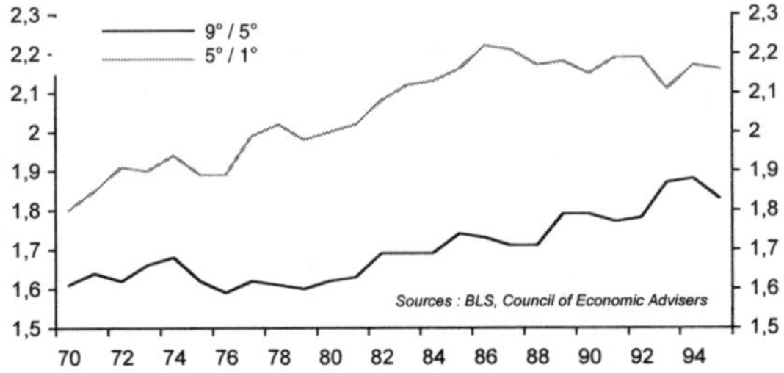

GRAPHIQUE 15. — ÉTATS-UNIS : INÉGALITÉS ENTRE INDIVIDUS DE LA POPULATION MASCULINE ÂGÉS DE 25 À 34 ANS (DÉCILES)

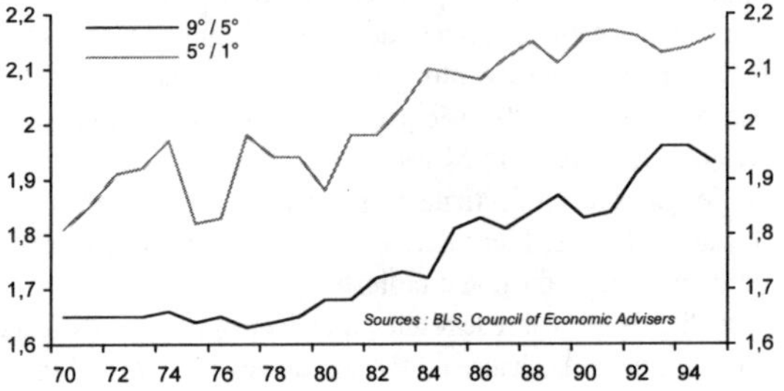

Les facteurs d'explication évoqués plus haut tendent à rendre compte en priorité des inégalités intergroupe. D'autres facteurs doivent être recherchés tels que la plus grande volatilité des revenus, mais aussi des critères observables qui relèvent souvent plus de la sociologie que de la science économique. Dégager les causes de l'élargissement des spectres des salaires pour les individus d'une même catégorie est donc complexe. Les pistes de recherche, souvent circonstanciées, sont :

– la plus grande diversité dans les milieux d'origines des populations qui intègrent l'université, dont un des corollaires est la plus grande (auto)ségrégation entre personnes de même niveau (théorique) d'éducation, mais d'horizons scolaires différents (renom de l'université, taux de dépense par élève...);

– au-delà d'un changement quantitatif de la demande en faveur des travailleurs qualifiés, la diffusion des nouvelles technologies s'est également accompagnée d'une modification des modes d'organisation des entreprises et, plus généralement, du tissu productif : nouveaux modes de prises de décision et d'organisation de l'autorité (abandon de la structure pyramidale au profit de structures matricielles, voire fondées sur les processus…), définition plus floue des responsabilités, plus grandes exigences en matière d'adaptabilité, de flexibilité, de capacités communicatives des membres des organisations… Tous ces critères reposent plus sur les qualités intrinsèques de chaque individu que sur leur niveau d'éducation. Ils sont donc susceptibles d'être à l'origine du creusement des inégalités intragroupe, ce d'autant plus que leur influence était minime lorsque le travail était davantage posté ;

– une autre piste, qualifiée de « provocante » par les membres du *Council of Economic Advisers*, est l'émergence de marchés où les plus performants empochent la totalité de la mise (*winner take all markets* ou *superstardom*) aux dépens d'individus dont les aptitudes sont légèrement inférieures. La course aux plus performants dans des professions aussi diverses que le droit, la finance, la médecine privée, l'éducation s'est effectivement traduite par des primes salariales très élevées dans un marché du travail de plus en plus compétitif.

Nous reviendrons plus loin sur les conséquences « politiques » de l'évolution des inégalités intragroupes.

Formation et requalification

Il faut aussi prendre en compte le fait que les inégalités de chômage ou de salaire, dues à l'apparition des nouvelles technologies, se renversent dans le temps : après cinq ans, l'écart de taux de chômage entre les qualifiés et les non-qualifiés se retourne, après huit ans, c'est le cas pour l'écart de taux de salaire. (Voir Mincer-Danninger (2000).) Le graphique 10 plus haut montre que le salaire relatif des anciens élèves de collèges a cessé de s'accroître et au contraire diminue, depuis 1993, après avoir considérablement augmenté de 1983 à 1993.

Le graphique 16 montre que le taux de chômage relatif des non-qualifiés augmente jusqu'en 1989 puis diminue. Ces évolutions montrent aussi que l'accroissement des inégalités est plus un phénomène des années 1980 que des années 1990. Ceci est dû aux politiques de requalification mises en place par les secteurs où les technologies sont les plus avancées. Il est intéressant de voir que l'inertie des salaires est plus grande pour les salariés requalifiés que celle de l'employabilité. Cependant, à long terme, on peut penser que l'ouverture des inégalités sera fortement réduite par les efforts de formation et par l'augmentation continue du niveau d'éducation de la population.

Ce sont la première phase d'information lourde, les pertes d'activité après les chocs pétroliers et l'apparition des Nouveaux Pays Industriels qui accroissent les inégalités de salaire, pas tellement la nouvelle économie.

GRAPHIQUE 16. — TAUX DE CHÔMAGE RELATIF : NON-QUALIFIÉS / QUALIFIÉS

Au total, il n'est pas vraiment certain qu'on puisse attribuer à la nouvelle économie le creusement des inégalités aux États-Unis :

– il a lieu plus tôt, dans les années 1980 ;

– dans les années 1990, il s'agit plutôt de l'ouverture des inégalités des intragroupes que de celle des inégalités intergroupes. Les inégalités intragroupes (qu'elles soient dues à un effet sectoriel ou à un effet d'adaptabilité aux nouvelles techniques) sont nettement moins choquantes et engendrent des effets incitatifs (mobilité vers les secteurs en croissance, création d'entreprises, initiatives...) favorables ;

– la requalification, certes avec un délai assez long de 5 ans, est efficace aux États-Unis.

Il est intéressant d'observer que le revenu médian aux États-Unis croît pour tous les groupes ethniques dans les années 1990 : de 45 000 à 52 000 dollars par an pour les Asiatiques, de 40 000 à 44 000 pour les Blancs, de 28 000 à 31 000 pour les Hispaniques, de 23 000 à 29 000 pour les Noirs : cette généralisation de la hausse des revenus est bien contradictoire avec l'idée que la nouvelle économie accroît les inégalités.

La nouvelle économie risque, en raison de la hausse induite de l'intensité capitalistique, d'imposer aux entreprises une hausse de la part des profits dans la valeur ajoutée, au détriment de la part des salariés, ce qui pourrait être la source d'un conflit de répartition. Il ne semble pas, par contre, qu'elle ait accru les inégalités salariales. Bien sûr, il existe des exemples anecdotiques d'enrichissement très rapide mais ils n'ont pas apparemment de trace macroéconomique.

VI / Les risques financiers associés à la nouvelle économie

Les évolutions récentes ont mis clairement en évidence la surévaluation de la Bourse américaine de 1998 à 2000, en particulier en ce qui concerne les nouvelles technologies (les sociétés de la nouvelle économie). Le point important est de savoir si cette surévaluation peut être attribuée, au moins partiellement, à la nouvelle économie.

Est-il inévitable que lorsque apparaissent de nouveaux biens et services leur valorisation boursière soit anormale ? Est-il impossible d'avoir une nouvelle économie sans bulle financière ?

Forte hausse de la valorisation boursière depuis 1995

Regardons d'abord l'ensemble des sociétés cotées aux États-Unis. Leur *Price Earning Ratio* (PER) a plus que doublé entre 1995 et 2000 et reste élevé malgré la chute des cours depuis le début de 2000. Il avait monté après la récession de 1990-1991, puis rechuté au moment de la hausse des taux d'intérêt à long terme en 1994 (graphique 1).

GRAPHIQUE 1. — ÉTATS-UNIS : INDICE BOURSIER, PROFIT ET PER (TOTAL MARCHÉ)

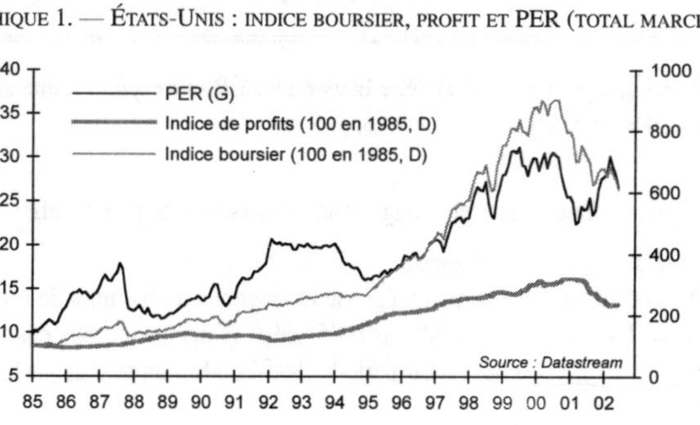

Déterminants du *Price Earning Ratio*

Le *Price Earning Ratio* (PER) est le rapport du cours boursier d'une entreprise cotée à ses profits observés ; pour l'année *t* :

$$PER_t = \frac{cours_t}{profits_t}$$

Le cours de l'année *t* est normalement égal à la somme actualisée des profits futurs :

$$cours_t = \sum_{i=0}^{+\infty} \frac{profits_{t+i}}{(1+R)^i}$$

où $\sum$ est le signe de sommation, *R* le taux d'intérêt à long terme qui sert à l'actualisation.

Dans le long terme, la part des profits dans la valeur ajoutée doit être stable. Le taux de croissance des profits est donc le taux de croissance en valeur de l'économie :

$$profits_{t+i} = profits_t\,(1+g)^i\,(1+p)^i$$

où g est le taux de croissance réelle, p le taux d'inflation. Reportant dans l'expression du cours, ceci conduit à :

$$PER = \frac{1}{R-g-p}$$

En fait, il faut tenir compte du risque qui réduit la valorisation.

L'expression finale du PER est donc :

$$PER = \frac{1}{R-g-p+\Pi}$$

où Π est la prime de risque associée à la détention d'actions,soit encore :

$$\frac{1}{PER} = R-g-p+\Pi$$

Nous essayons de voir si cette hausse du PER correspond à une surévaluation des cours en utilisant deux approches.

(a) Partant de :

(A) $\frac{1}{PER}$= Taux d'intérêt à long terme – croissance du prix du PIB – croissance réelle + prime de risque.

Nous calculons la prime qui égalise la moyenne du membre de droite de (A) avec 1/*PER* sur la période de 1985-1995. Nous examinons ensuite les valeurs de 1/*PER* obtenues sur la période 1995-2000 en supposant que la prime est restée la même.

(b) Après estimation économétrique de l'équation :

(B) $\frac{1}{PER} = a + b$ (taux d'intérêt à long terme) + c (inflation) + d (croissance réelle)

sur la période 1985-1995 ; (nous extrapolons alors l'équation obtenue sur la période 1995-2000).

Le graphique 2 montre les résultats. Les deux méthodes conduisent à la conclusion que depuis 1995 ou 1996, la Bourse américaine est massivement surévaluée : au début de 2002, le PER devrait valoir 14 et pas 28.

GRAPHIQUE 2. — ÉTATS-UNIS : PER

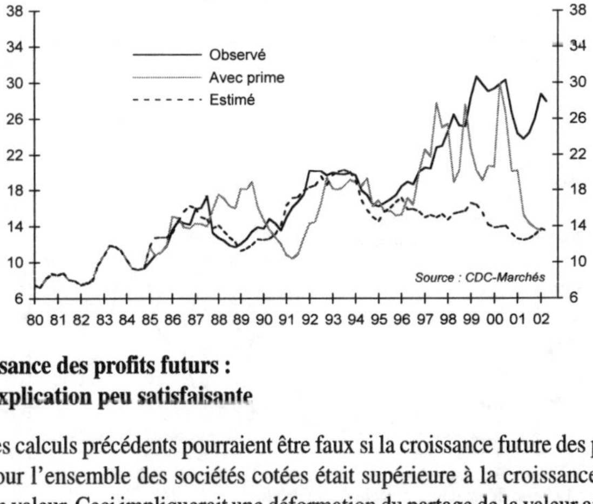

Croissance des profits futurs : une explication peu satisfaisante

Les calculs précédents pourraient être faux si la croissance future des profits pour l'ensemble des sociétés cotées était supérieure à la croissance du PIB en valeur. Ceci impliquerait une déformation du partage de la valeur ajoutée en faveur des profits et au détriment des salariés, qui est bien sûr possible transitoirement, mais pas de façon permanente.

Aux États-Unis, la part des profits dans la valeur ajoutée s'accroît de 1992 à 1996, puis décroît, précisément sur la période où il y a présomption de surévaluation boursière (graphique 3).

On sait que, comme on l'a vu plus haut, depuis 1995, le salaire réel croît au moins aussi vite que la productivité du travail aux États-Unis, plus vite de 1998 au début de 2002, après avoir progressé moins vite de 1993 à 1995.

Les évolutions observées dans les années 1990 ne poussent pas à accepter l'idée que, pour l'ensemble des entreprises, il y ait eu hausse tendancielle de la part des profits dans la production. Ceci nous incite à regarder maintenant spécifiquement le secteur des nouvelles technologies.

GRAPHIQUE 3. — PARTS DES PROFITS SUR LA VALEUR AJOUTÉE (EN %)

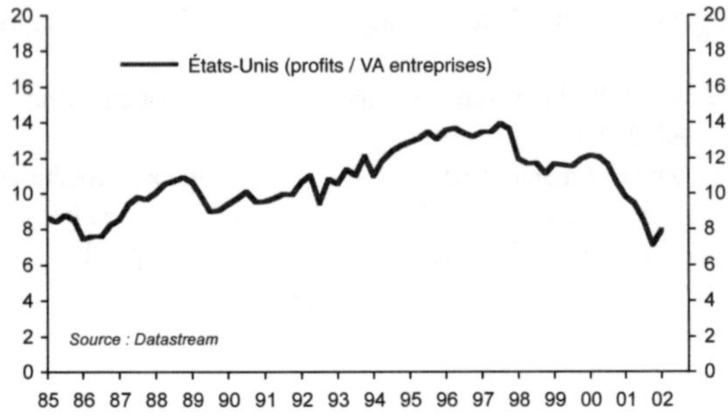

GRAPHIQUE 4. — ÉTATS-UNIS : INDICE BOURSIER (BASE 100 AU 01/01/90)

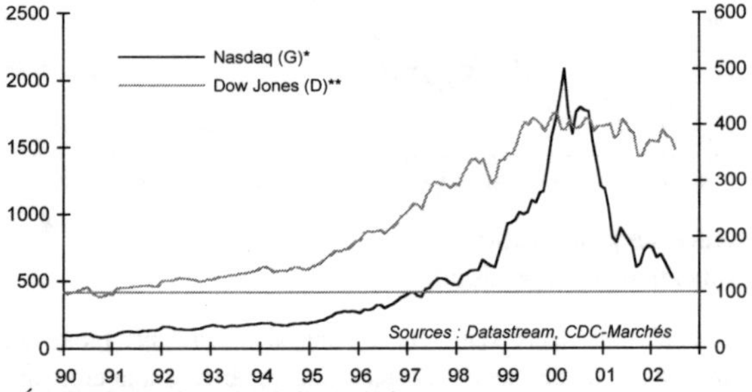

* Échelle de gauche ; ** échelle de droite.

GRAPHIQUE 5. — PER (NASDAQ)

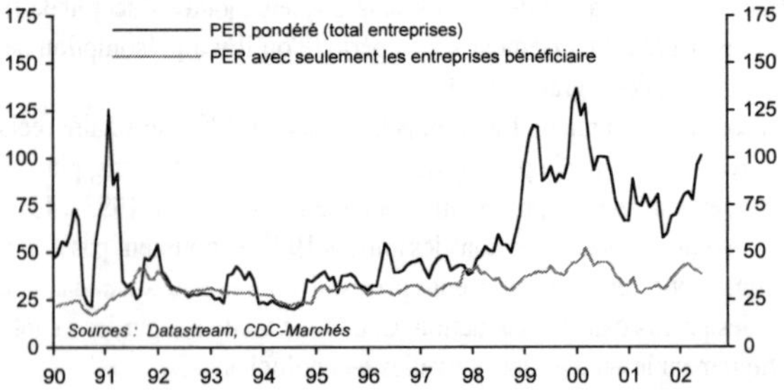

Valorisation des nouvelles technologies

Le graphique 4 montre l'évolution des cours et des *Price Earning Ratios* pour les valeurs des nouvelles technologies. Le PER des sociétés Internet du S & P (Indice Standard and Poor's) ou du Nasdaq (marché boursier des valeurs technologiques) est au début de 2002 de l'ordre de 38, après un pic à 54. Il est intéressant de distinguer, comme dans le graphique 5, d'un côté, le PER du Nasdaq calculé uniquement sur les sociétés bénéficiaires (38), de l'autre, le PER du Nasdaq calculé en rapportant la capitalisation boursière totale à la somme des bénéfices (positifs ou négatifs) des sociétés. Le second calcul conduit à un PER de 100, après un pic à 140.

Peut-on justifier un tel niveau de valorisation ? Il faudrait évidemment une énorme augmentation de la part des nouvelles technologies dans le PIB, justifiant une croissance nominale beaucoup plus élevée pour les sociétés TI. Le graphique 6 montre, pour les États-Unis, la part des nouveaux services dans le PIB (en valeur). Nous appelons « nouveaux services » les services informatiques, Internet, les Télécom, les services financiers c'est-à-dire un secteur plus large que celui de la nouvelle économie. Cette part monte assez fortement aux États-Unis (de 20 à 26 % en 15 ans), mais cette hausse est ralentie par la baisse du prix relatif de ces services, qui est certes moins forte que celle du prix des biens (ordinateurs) décrite plus haut.

Le graphique 7 montre les PER théoriques, calculés soit avec la croissance nominale du PIB au total, soit avec la croissance nominale des nouveaux services. Le PER calculé avec les données correspondant aux nouveaux services est supérieur, depuis la fin de 1997, au PER calculé avec les données pour l'ensemble de l'économie. Il est aujourd'hui de 20 environ contre 13. S'il

GRAPHIQUE 6. — PARTS DES SERVICES NOUVEAUX DANS LE PIB (EN MONNAIE COURANTE)

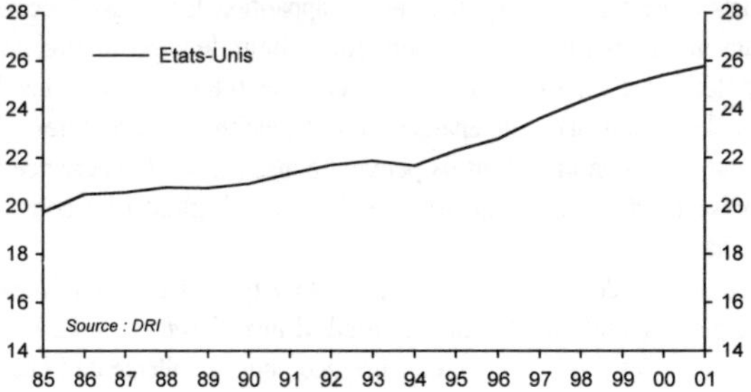

GRAPHIQUE 7. — ÉTATS-UNIS : COMPARAISON DES PER

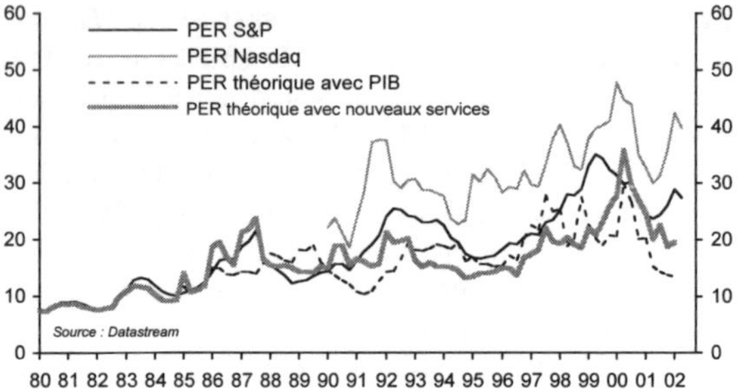

se rapproche des PER des grands indices globaux (S & P), il est très loin des PER des indices technologiques comme le Nasdaq (40).

Il paraît donc impossible, à partir de la croissance relative observée, de rationaliser les valorisations de marché actuelles pour des nouveaux services des valeurs de haute technologie. Toutefois, il est clair que, depuis 1997 ou 1998, elles doivent être nettement supérieures à celles qui concernent l'ensemble des sociétés.

Une responsabilité de la nouvelle économie dans la surévaluation boursière ?

L'essence de la nouvelle économie est qu'elle fait apparaître des entreprises produisant des biens et services nouveaux, dont il est très difficile d'anticiper ce que sera, dans le moyen terme, la profitabilité. La valorisation de leurs titres est donc ardue, ce qui n'est pas le cas pour les industries traditionnelles.

Quels seraient les enchaînements liés à l'apparition de la nouvelle économie ?

Dans un premier temps, le vieillissement futur de la population pousse à un supplément d'achats d'actifs financiers. Les futurs retraités cherchent à accroître le rendement de leur épargne, et sont donc attirés par les titres (actions) de la nouvelle économie dont ils peuvent penser, faute d'expérience, qu'ils vont présenter des rendements très élevés. Ceci fait monter les cours de ces actifs financiers.

En fait, cette détention d'actions par les épargnants individuels est intermédiée par des fonds de pension, des fonds d'investissement, mais le résultat est le même. Ces fonds sont en concurrence pour la collecte de l'épargne et

GRAPHIQUE 8. — ÉTATS-UNIS : CRÉDIT AU SECTEUR PRIVÉ

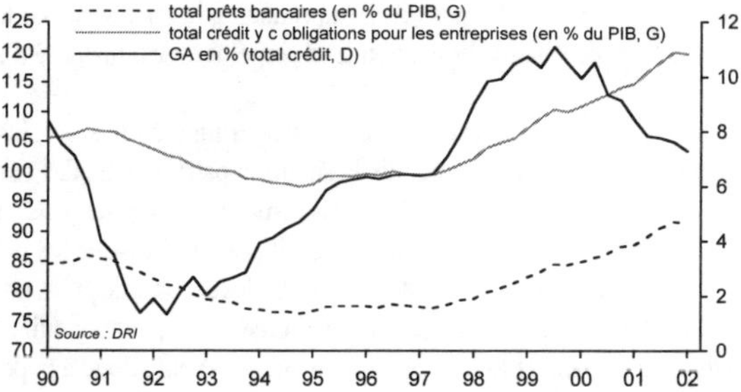

cherchent donc à obtenir les rendements les plus élevés possibles pour gagner des parts de marché.

Dans un second temps, l'enrichissement patrimonial lié à la hausse des cours boursiers des sociétés de la nouvelle économie permet aux ménages (et aux entreprises) américains de contracter un supplément d'endettement. La dette du secteur privé accélère en même temps qu'apparaît la surévaluation boursière (graphique 8).

Le secteur privé a donc, jusqu'à la fin de 1999, un supplément de ressources à dépenser avec l'augmentation de l'endettement. Le graphique 9 permet de visualiser ce supplément de ressources.

L'ensemble des ressources (revenus + endettement nouveau) du secteur privé l'emporte sur ses achats de biens. Il y a donc nécessairement achats

GRAPHIQUE 9. — ÉTATS-UNIS : EXCÈS DE RESSOURCES (MDS. DE DOLLARS COURANTS)

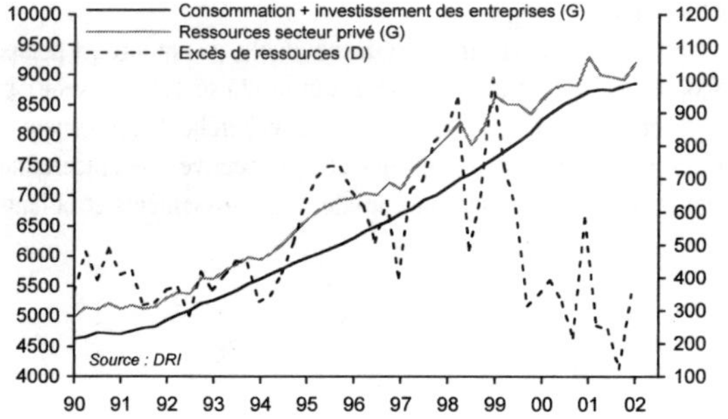

d'actifs financiers (actions) ou d'actifs immobiliers. Ceci est d'autant plus vrai que la technologie de distribution de crédit, aux États-Unis, fait davantage intervenir la richesse, le patrimoine, de l'emprunteur que son revenu. La hausse initiale des actions de la nouvelle économie se perpétue et se transmet à d'autres actifs.

On observe en effet que la décision d'attribuer un crédit est le plus souvent liée aux États-Unis à l'examen de la situation patrimoniale des emprunteurs : les actifs (actions, maisons…) dont ils disposent l'emportent-ils sur leur dette ? Leur actif net (actifs moins dettes) est-il positif ? Lorsque les prix des actifs montent, les banques peuvent donc accroître les encours de prêts, puisque, *a priori*, la solvabilité patrimoniale est améliorée. Ceci peut conduire à une forte hausse du service de la dette, relativement au revenu, donc à la possibilité d'un défaut de paiement, même si la solvabilité patrimoniale est assurée. Au contraire, dans les pays européens, le niveau d'endettement est toujours comparé au niveau de revenu, ce qui réduit fortement l'effet de la hausse des prix des actifs sur la distribution de crédit.

Ces mécanismes s'autoentretiennent. Si les nouvelles technologies font initialement monter, d'une manière raisonnable, les prix d'actifs, et si la technologie financière base la distribution de crédit sur la valeur des actifs détenus, cette première hausse des prix d'actifs conduit à une hausse de l'offre de crédit qui, si elle est utilisée en partie pour acheter des actifs, fera encore monter leur prix… On peut donc se poser légitimement la question de la possibilité d'éviter une hausse excessive des prix d'actifs lorsque les nouvelles technologies apparaissent : peut-on échapper à l'enchaînement hausse des prix d'actifs-hausse de l'offre de crédit ?

La nouvelle économie, avec l'accroissement initial de l'incertitude sur les perspectives des entreprises a peut-être comme conséquence inévitable l'inflation des prix. C'est un phénomène qui s'est déjà manifesté dans le passé (chemins de fer).

On peut aussi évoquer l'incertitude inévitable qui entoure les perspectives de croissance et de profit d'entreprises qui produisent de nouveaux biens et services. Lorsque les investisseurs sont à la recherche de rendements élevés, ils peuvent être attirés par l'espoir que ces perspectives, très incertaines, sont très bonnes, d'où l'accumulation initiale d'investissements et la hausse des cours.

VII / Une concentration du capital mondial aux États-Unis ?

Comme on l'a vu dans ce qui précède, les États-Unis ont, au début des années 2000, plusieurs années d'avance sur le reste du monde en ce qui concerne le développement de la nouvelle économie. L'efficacité et la profitabilité du capital sont donc pour l'instant plus élevées aux États-Unis, ce qui attire naturellement l'épargne mondiale. Nous posons ici la question de l'avenir de cette situation : va-t-on assister à une concentration du capital mondial aux États-Unis, l'avance prise par les États-Unis y conduisant à une augmentation irréversible de la productivité du capital ? Il y aurait alors une ouverture permanente de l'écart de production et de revenu entre les États-Unis et le reste du monde. Va-t-on au contraire assister à un rééquilibrage des rendements entre les États-Unis et les autres pays, donc à une convergence mondiale des niveaux de revenu ? Va-t-on même voir, comme en 2001-2002, un quasi-arrêt des flux de capitaux à long terme vers les États-Unis ?

Problématique : deux modèles de croissance avec des conséquences très différentes

On suppose le plus souvent que la croissance est du type néoclassique habituel (à la Solow) : dans les pays où le capital par tête est élevé, la productivité marginale du capital est faible ; de ce fait, les flux d'investissement se dirigent vers les pays où le capital par tête est faible, et à long terme, il y a égalisation des niveaux de capital par tête et de productivité (convergence en niveau).

Le modèle de croissance usuellement retenu suppose qu'il y a rendement décroissant du capital, c'est-à-dire que la productivité marginale du capital décroît avec le stock de capital disponible. Si les pays émergents disposent de moins de capital que les pays développés, ceux-ci vont investir dans les pays émergents pour profiter du rendement plus élevé du capital et le capital va bien se diriger des pays développés vers les pays émergents. Ce transfert de capital, avec les rendements décroissants, fait progressivement baisser la productivité marginale du capital, et à long terme il y a égalisation des rendements du capital dans les pays développés et dans les pays émergents.

Ce mécanisme est renforcé par les divergences démographiques : si les pays riches ont une population déclinante et les pays pauvres une population croissante (nous verrons plus loin que ce n'est pas réellement le cas), les écarts de capital par tête sont encore accrus, et les flux de capitaux (d'épargne) des premiers vers les seconds encore plus importants.

La gestion des retraites des pays vieillissants est alors assez simple : ils investissent dans les pays à capital par tête faible, ce qui est favorable à tous : le capital augmente dans les pays les plus pauvres, ce qui y accroît les revenus; le revenu du capital (pas le revenu du travail) est rapatrié dans les pays les plus riches (et vieillissants), et permet d'y financer une partie des retraites, comme le montre le schéma ci-dessous. Même sans écart démographique, avec une croissance néoclassique, les flux de capitaux vont d'un pays à l'autre tant que les niveaux de productivité marginale du capital, donc de revenu par tête ne sont pas égalisés.

FLUX DE CAPITAUX ET REVENUS INTERNATIONAUX
AVEC CROISSANCE NÉOCLASSIQUE

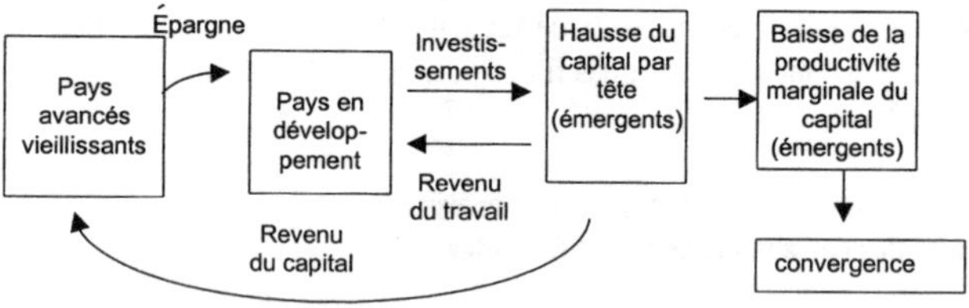

Cependant, on avance souvent que le bon modèle de croissance n'est pas le modèle néoclassique habituel, mais le modèle de croissance endogène. Il s'agit d'un modèle de croissance néoclassique où est ajoutée une détermination du taux de croissance à long terme. L'idée générale est que l'accumulation de capital, de capital humain de connaissances… accroît le taux de croissance de long terme. Dans le modèle de croissance endogène, il n'y a pas de rendements décroissants du capital : lorsque le capital par tête augmente, la productivité marginale du capital ne décroît pas, au contraire, puisque l'accumulation de capital, soit directement soit indirectement (par exemple au travers du capital humain), soutient la production.

La nouvelle économie pourrait être la cause de l'apparition de ce mécanisme. En effet, d'où viennent les rendements croissants ? D'externalités du capital : le fait que toutes les entreprises aient un capital important accroît l'efficacité de chaque entreprise individuellement ; d'externalités liées à la recherche-développement, aux brevets : les découvertes profitent progressivement à tous ; de l'accumulation de capital humain, d'infrastructures...

Le modèle d'externalité du capital est très intéressant. Dans chaque entreprise, la production dépend de l'emploi dans l'entreprise, du capital de l'entreprise, mais aussi du capital agrégé (du secteur, de la région, de l'ensemble de l'économie). Au niveau de chaque entreprise, il y a bien productivité marginale décroissante du capital (entre le capital de l'entreprise et la production de l'entreprise), mais ceci n'est pas vrai au niveau agrégé en raison de l'effet positif du capital de chaque entreprise sur la production de toutes les autres entreprises.

Si la productivité marginale du capital croît avec le capital par tête, les pays les plus avancés conservent leur épargne, et au contraire, attirent celle des pays les moins avancés : il y a divergence et non convergence. Pour que le niveau de revenu des pays les moins avancés rattrape le niveau de revenu des pays les plus avancés, il faut que le taux de croissance y soit plus élevé. C'est précisément l'inverse que prédit le modèle de croissance endogène. Avec croissance endogène, on a donc le schéma suivant :

FLUX AVEC CROISSANCE ENDOGÈNE (AVEC NOUVELLE ÉCONOMIE)

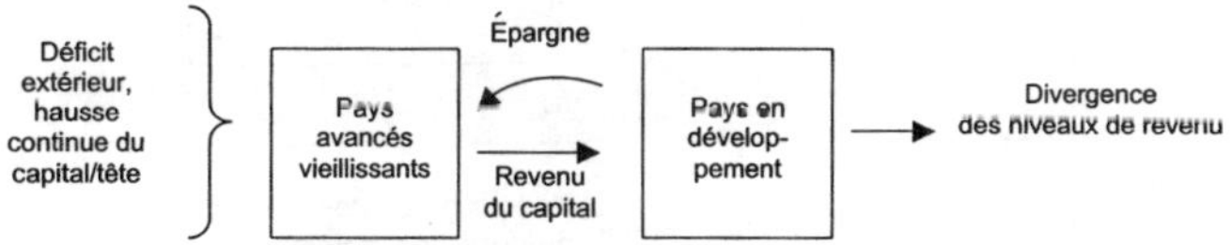

Rendements décroissants ou croissants : le cas des États-Unis

Les modèles économiques usuels supposent, on l'a vu plus haut, qu'il y a rendements décroissants du capital. Lorsque le stock de capital productif disponible dans un pays s'accroît, la productivité marginale du capital (le rendement du capital supplémentaire) diminue. Cette hypothèse de rendements décroissants du capital a des implications fortes :

– Il y a convergence des rendements du capital entre les différents pays ; si, à une certaine époque, un pays dispose de moins de capital qu'un autre, la productivité marginale du capital y est plus forte, et le capital se dirige vers ce pays jusqu'à ce que les rendements du capital soient égalisés.

– Si un pays (comme les États-Unis et ce sera ici notre intérêt principal) dispose initialement d'un supplément de rentabilité du capital (parce que de nouvelles technologies apparaissent, que les restructurations d'entreprises sont plus rapides que dans les autres pays), le capital mondial se dirige vers ce pays, mais il s'agit d'un phénomène transitoire. L'accumulation plus rapide de capital fait décroître la productivité marginale du capital dans ce pays jusqu'à ce qu'elle revienne au niveau mondial, initialement plus faible, et, à ce stade, les flux de capitaux cessent.

On peut représenter dans ce cas de choc initialement sur la productivité marginale du capital (aux États-Unis dans le cas qui nous intéresse), les évolutions comme sur le schéma 1.

SCHÉMA 1.— DYNAMIQUE AVEC RENDEMENTS DÉCROISSANTS DU CAPITAL AUX ÉTATS-UNIS

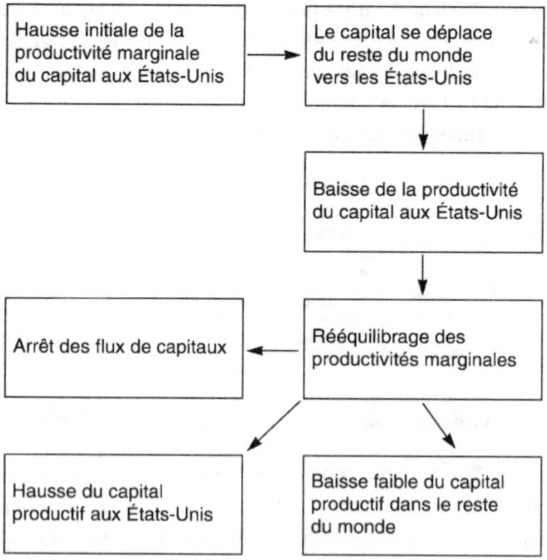

À long terme, après que les flux de capitaux ont cessé, le capital productif dans le reste du monde d'une part recommence à s'accumuler normalement, d'autre part a peu baissé puisque l'essentiel de l'ajustement vient de la baisse de la productivité marginale du capital aux États-Unis avec le supplément d'investissement.

L'autre modèle : rendements constants ou même croissants du capital

Il est cependant possible qu'il y ait rendements constants ou même croissants du capital.

Avec la nouvelle économie, l'accumulation d'un supplément de capital signifie une incorporation rapide des nouvelles technologies, le développement du capital humain, le développement de synergies, d'effets de réseau (si beaucoup d'utilisateurs choisissent la même technologie elle devient très efficace et peu coûteuse). Il est donc possible que l'accumulation de capital ne réduise pas la productivité marginale du capital.

La littérature portant sur la croissance endogène (la croissance dépend de l'équilibre économique et pas seulement d'un progrès technique exogène) a mis en évidence les effets d'externalité de l'accumulation de capital : dans chaque secteur d'activité, les entreprises bénéficient non seulement de leurs investissements mais aussi de ceux réalisés par les autres entreprises du secteur. Ceci conduit aussi à ce que la productivité marginale du capital ne soit pas décroissante avec le stock de capital.

Prenons l'hypothèse médiane : la productivité marginale du capital est constante dans les pays où la nouvelle économie se développe rapidement et revenons au cas des États-Unis, avec une hausse initiale de la productivité marginale ; nous supposons que dans le reste du monde, moins touché par la nouvelle économie, la productivité marginale du capital reste décroissante avec le stock de capital. La dynamique est très différente de celle du cas précédent de rendements décroissants.

– L'avantage initial de rentabilité du capital n'est pas remis en cause par l'accumulation plus rapide de capital aux États-Unis ; de ce fait, les flux de capitaux vers les États-Unis sont durables.

– À long terme, la rentabilité du capital ne peut pas être différente aux États-Unis et dans les autres pays ; dans le cas précédent, ce rééquilibrage venait essentiellement de la baisse de la productivité marginale du capital aux États-Unis avec le supplément d'accumulation de capital ; dans le cas de rendements constants analysé ici, le rééquilibrage ne peut venir que d'une hausse de la productivité marginale du capital dans le reste du monde due à la baisse du stock de capital dans le reste du monde.

On peut représenter la dynamique comme sur le schéma 2, à comparer avec celle du schéma 1.

SCHÉMA 2.— DYNAMIQUE AVEC RENDEMENTS CONSTANTS DU CAPITAL AUX ÉTATS-UNIS

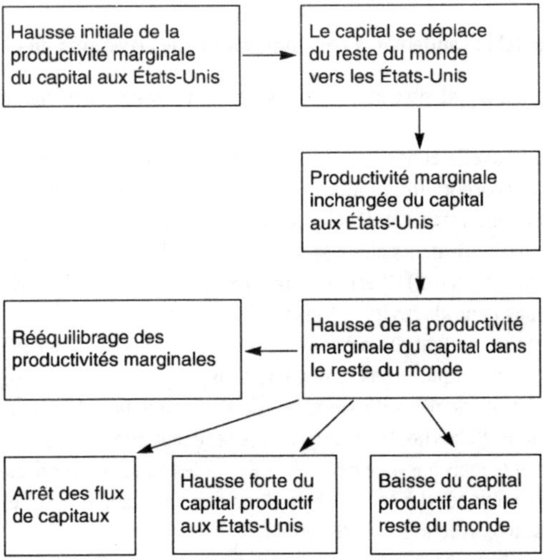

Supposons, pour faire simple, que le reste du monde est grand par rapport aux États-Unis. Ceci implique que dans le premier cas (productivité marginale du capital décroissante aux États-Unis et dans le reste du monde) le rééquilibrage à long terme des productivités marginales après le choc initial

TABLEAU 1.— RÉÉQUILIBRAGE DES PRODUCTIVITÉS ET DES STOCKS DE CAPITAL À LONG TERME

	Stock de capital États-Unis	Rentabilité du capital États-Unis	Stock de capital reste du monde	Rentabilité du capital reste du monde
Productivité marginale décroissante du capital aux États-Unis	+	=	=	=
Productivité marginale constante du capital aux États-Unis	+	+	–	+

+ : hausse ; – : baisse ; = : pas de changement.

favorable aux États-Unis est essentiellement réalisé par la baisse de productivité marginale du capital.

Dans le second cas (productivité marginale du capital constante aux États-Unis et décroissante dans le reste du monde) par la hausse de la productivité marginale du capital dans le reste du monde.

On a alors la situation présentée dans le tableau 1 : le bien-être du reste du monde après le choc favorable aux États-Unis chute évidemment si la productivité marginale du capital, en hausse initialement aux États-Unis, n'y décroît pas avec l'accumulation de capital.

Les faits : rattrapage lent ou même inexistant

L'évolution du revenu par tête (en dollars) dans les différentes zones (émergents d'Asie, d'Amérique latine et d'Europe centrale, États-Unis, Japon et zone euro), montre que, de 1987 à 2000, il y a eu rattrapage en niveau pour la Chine (dont le revenu par tête passe de 2,1% à 2,6% de celui des États-Unis) pour le reste des émergents d'Asie (de 7,6% du niveau américain à 9,9%), pas pour l'Amérique latine.

Les graphiques 1a et 1b montrent l'évolution du revenu par tête en dollars de parité de pouvoir d'achats (et pas en dollars courants). Il n'est pas très significatif, en effet, de comparer les niveaux de revenu en dollars, puisque les prix des biens diffèrent entre les pays. En général, les prix sont plus bas dans les pays émergents, ce qui conduit à un niveau de vie réel supérieur à celui que suggère le revenu par tête calculé en dollars courants. On corrige donc les revenus des prix relatifs par rapport aux États-Unis, d'où les revenus en dollars de parité de pouvoir d'achat. La conclusion est à peu près la

GRAPHIQUE 1A. — PIB PAR TÊTE (EN DOLLARS DE PPA)

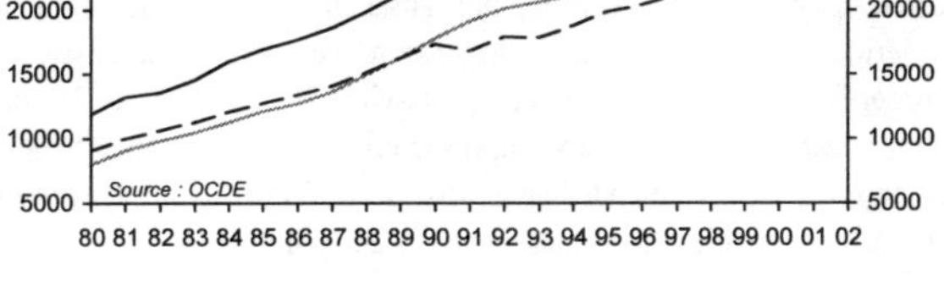

GRAPHIQUE 1B. — PIB PAR TÊTE (EN DOLLARS DE PPA)

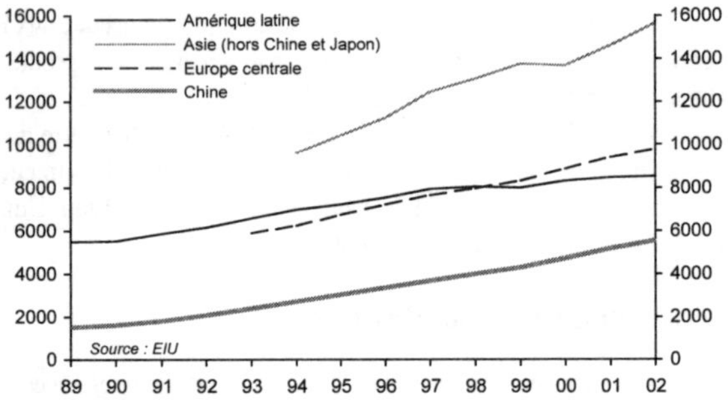

même : il y a rattrapage du revenu par tête assez rapide en Chine de 1992 à 2002, visible en Asie (hors Chine) pas du tout en Amérique latine, pas très rapide en Europe centrale.

Le PIB en volume a progressé plus rapidement que dans les pays de l'OCDE depuis le début des années 1990 en Chine et dans les autres pays émergents d'Asie (à l'exception de l'année de crise 1998); un peu plus rapidement depuis le début de la transition (1992-1993) en Europe centrale que dans la zone euro, moins vite en Amérique latine qu'aux États-Unis.

Ceci confirme le jugement formé plus haut : le processus de rattrapage est extrêmement lent en dehors des pays émergents d'Asie.

Parmi les zones émergentes, c'est l'Asie (hors Chine) qui connaît le rattrapage le plus rapide avec un revenu par tête en dollars qui a doublé entre 1987 et 2000 et représente en 2002, en dollars courants, 10 % du revenu américain, et en dollars de PPA (seuls significatifs) 45 % du revenu par tête des États-Unis, contre respectivement 10 % (dollars courants) et 40 % (dollars de PPA) en 1992.

Le niveau de développement est aussi révélé par la productivité du travail (le PIB en volume par employé, le calcul en volume corrigeant les évolutions des prix relatifs). Les niveaux doivent être pris avec précaution (en 1995, le dollar était extrêmement faible par rapport au yen). Ils montrent cependant les mêmes évolutions : progression rapide de la productivité en Chine et dans les pays émergents d'Asie, mais aussi en Europe centrale ; stagnation en Amérique latine. Le taux de croissance moyen de la productivité du travail progresse de 1 à 4 % par an aux États-Unis, est à moins de 2 % dans la zone euro, est très faible au Japon après la crise. En ce qui concerne les pays émergents, on retrouve bien le handicap de l'Amérique latine, avec des gains de productivité extrêmement faibles de 0 à 2 % par an.

On voit donc :

– que dans les zones émergentes, celles qui ont le rattrapage du revenu par tête le plus rapide (Asie) ont cependant un rattrapage lent (1 point par an de revenu relatif);

– qu'en Amérique latine et en Europe centrale, le rattrapage est pratiquement inexistant, sans que ceci résulte des évolutions démographiques;

– que, en ce qui concerne les pays de l'OCDE, en dollars de PPA, l'écart de revenu par tête entre les États-Unis et la zone euro a peu varié, que le Japon a rattrapé les États-Unis entre 1980 et 1993.

S'il y a croissance néoclassique, elle ne provoque donc pas une convergence rapide des niveaux de revenu par tête ou de productivité.

Flux de capitaux : trop peu d'investissements vers les émergents, trop de capitaux longs vers les États-Unis

Le tableau 2 montre les flux de capitaux dans les balances de paiements des différentes zones dans la période récente Nous nous arrêtons volontairement en 2000 pour analyser séparément dans le chapitre 8 les évolutions de 2001-2002. Regardons-les par nature. Le solde des investissements directs (d'entreprises) est pratiquement nul (jusqu'en 1997) aux États-Unis et en 1998-1999, il y a des pics liés à des opérations exceptionnelles (Amoco, Chrysler) mais les flux deviennent positifs; le solde est faiblement négatif au Japon, plus fortement négatif dans les années 1990 dans la zone euro.

TABLEAU 2. — FLUX DE CAPITAUX MOYENS SUR LA PÉRIODE 1996-2000 (MILLIARDS DE DOLLARS)

	Investissement direct net	Investissement en portefeuille net	Capitaux à court terme nets
États-Unis	+ 82	+ 210	– 108
Japon	– 31	– 6	+ 6
Zone euro	– 110	– 118	+ 155
Amérique latine	+ 37	+ 12	– 1
Pays émergents d'Asie	+ 14	– 15	– 14
Europe centrale	+ 9	+ 3	+ 2
Chine	+ 36	0	– 41

+ : hausse; - : baisse; = : pas de changement.

Définitions :

Net : solde des entrées et des sorties de capitaux

Investissement direct : investissement d'entreprises (investissements productifs, prises de contrôle)

Investissement en portefeuille : achats de titres (actions obligations)

Capitaux à court terme : surtout dépôts et crédits bancaires.

Les zones émergentes reçoivent des investissements directs qui s'accroissent à partir du début ou du milieu des années 1990, et atteignent, en moyenne 35 milliards de dollars par an en Amérique latine, 15 milliards de dollars en Asie (hors Chine), 10 milliards de dollars en Europe centrale, 55 milliards de dollars en Chine.

En ce qui concerne les investissements de portefeuille, (achats d'actions et d'obligations) on voit des entrées de capitaux fortes aux États-Unis depuis le début des années 1990, des sorties de capitaux du Japon et surtout de la zone euro, des flux très faibles dans les zones émergentes.

Enfin les capitaux à court terme vont, en moyenne du Japon et des États-Unis vers les émergents d'Asie et la Chine du début des années 1990 jusqu'à la crise de 1997, vers la zone euro depuis 1997. On sait que ces flux à court terme (prêts interbancaires par exemple) ont été une des causes de la crise de 1997 : ils ont conduit à un excès de distribution de crédit dans les pays émergents, qui, étant à court terme, ont pu être retirés très rapidement, provoquant une crise de liquidité. Les investissements à long terme dans les pays émergents (sous forme d'investissements directs) étaient donc extrêmement faibles dans les années quatre-vingt, et ont représenté en moyenne un peu moins de 100 milliards de dollars par an dans les années 1990.

En moyenne, le PIB par tête (en dollars de PPA) était à peu près 3 fois plus faible dans les pays émergents que nous examinons qu'aux États-Unis durant les années 1990. Le flux d'investissement direct vers les pays émergents représente, pendant la décennie 1990, en moyenne 4 % de l'investissement des entreprises aux États-Unis, au Japon et dans la zone euro. Dans un modèle théorique de croissance néoclassique, le transfert d'épargne entre deux pays dont l'un aurait une production par tête trois fois plus élevée que l'autre (donc normalement un capital par tête considérablement plus élevé) serait beaucoup plus important : compte tenu des écarts de productivité, le transfert d'épargne (d'investissement) des pays avancés de l'OCDE vers les pays émergents est extrêmement faible.

Cette situation est aggravée par le fait que les investissements de portefeuille se dirigent vers les États-Unis ; ces investissements financent les entreprises américaines ou bien pire, font simplement monter les prix d'actifs (ce sont des achats d'actions et d'obligations privées) et représentent maintenant 300 milliards de dollars par an, 3 fois le montant des investissements directs vers les émergents. Les capitaux à long terme se dirigent beaucoup plus vers les États-Unis que vers les pays émergents, ce qui est cohérent avec le modèle de croissance endogène et non de croissance néoclassique.

Les entreprises et les investisseurs du monde entier vont apparemment chercher la nouvelle économie aux États-Unis au détriment de la convergence de revenu pour les pays les moins avancés.

La vitesse d'accumulation du capital, reflet des taux d'épargne

Les graphiques 2a et 2b montrent les taux d'investissement des entreprises dans les différentes zones. Le Japon investissait beaucoup plus que les États-Unis ou la zone euro jusqu'au début des années 1990, c'est-à-dire jusqu'à la crise japonaise ; mais avec le redressement de l'investissement aux États-Unis, le taux d'investissement des pays de l'OCDE converge vers 14-15 % du PIB

GRAPHIQUE 2A. — INVESTISSEMENT (EN % DU PIB)

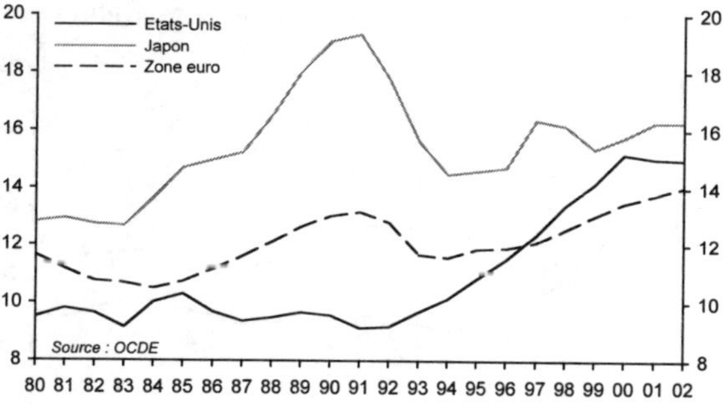

GRAPHIQUE 2B. — INVESTISSEMENT (EN % DU PIB)

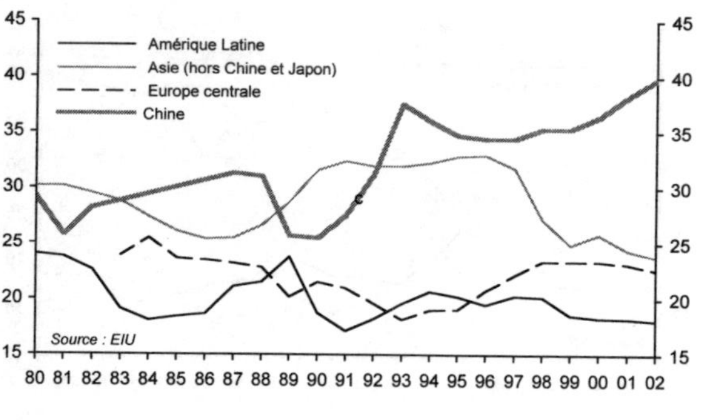

à la fin des années 1990. Dans les pays émergents, il y a clairement deux groupes : l'Europe centrale et l'Amérique latine, avec un taux d'investissement relativement faible (autour de 20 %, avec une augmentation récente en Europe centrale) ; l'Asie et la Chine, avec des taux d'investissement très élevés (25 à 35 %, parfois plus). Ceci confirme bien l'impression donnée par les évolutions des productions par tête.

Les graphiques 3a et 3b montrent les évolutions des taux d'épargne de la Nation (de l'ensemble des agents économiques). Rappelons qu'on a : Solde de la balance courante = Épargne de la Nation – Investissement : un pays qui a une forte épargne peut investir beaucoup sans avoir de déficit courant, c'est-à-dire sans devoir s'endetter à l'étranger. Jusqu'en 1995 les déséquilibres des balances courantes ont été relativement faibles dans les pays émergents ; à partir de 1996, on voit apparaître des déficits assez importants en Europe

GRAPHIQUE 3A. — ÉPARGNE DE LA NATION (EN % DU PIB)

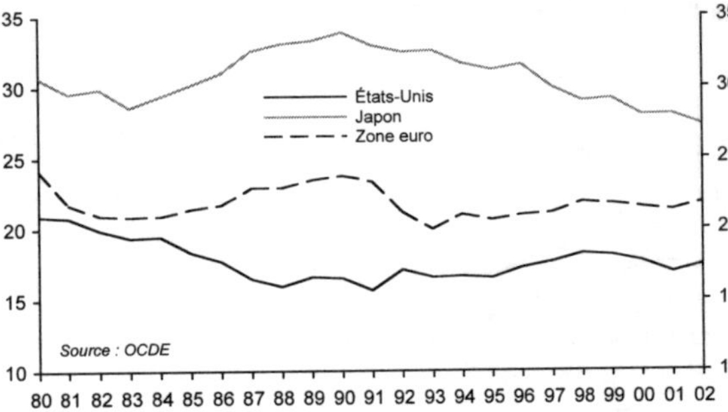

GRAPHIQUE 3B. — ÉPARGNE DE LA NATION (EN % DU PIB)

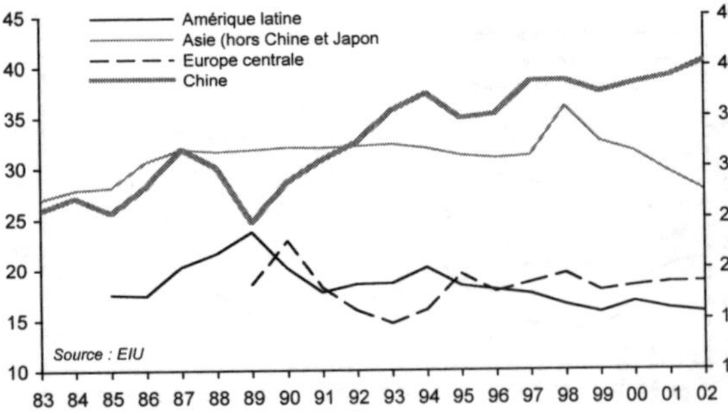

centrale et en Amérique latine : bien que les taux d'investissement dans ces pays soient relativement faibles, la faiblesse de l'épargne implique un déficit extérieur.

En Asie et en Chine, au contraire, l'épargne domestique très forte couvre l'investissement, même lorsqu'il représente plus de 30% par an, à l'exception, dans les pays émergents d'Asie, de la période qui a immédiatement précédé la crise de 1997.

Même si des déséquilibres de la balance courante apparaissent, on n'est pas très éloigné de la situation d'autonomie financière : les pays à faible épargne domestique ont des taux d'investissement bas, et c'est l'inverse pour les pays à forte épargne. Les flux de capitaux internationaux vers les pays à faible épargne sont loin d'être suffisants pour que l'accumulation de capital permette qu'il y ait rattrapage.

Quelles conséquences si le bon modèle est celui de croissance endogène ?

Ce qui précède conduit plutôt aux conclusions suivantes : l'afflux de capitaux à long terme (achats d'actions et d'obligations privées) jusqu'à la fin de l'année 2000 vers les États-Unis étant de beaucoup supérieur aux flux de capitaux (essentiellement investissements directs) vers les émergents, le modèle de croissance endogène, avec rendements constants ou même croissants du capital, semble être, sur cette période, nettement plus conforme aux faits que le modèle de croissance néoclassique avec rendements décroissants du capital.

On voit bien d'ailleurs que les pays émergents à épargne domestique faible ne reçoivent pas suffisamment de transferts d'épargne pour que le taux d'accumulation de capital qu'ils peuvent financer leur permette d'obtenir un rattrapage du revenu par tête; si le modèle de croissance néoclassique était le bon, il y aurait beaucoup plus d'investissements directs vers ces pays et d'investissements productifs dans ces pays.

La première conséquence est évidente : il n'y a pas rattrapage (en niveau de vie par tête) des pays moins avancés, au contraire : un niveau de capital par tête élevé favorise la poursuite de l'accumulation de capital et de la hausse du revenu par tête.

Dans les pays avancés (États-Unis en particulier), l'efficacité du capital s'est accrue parallèlement avec l'augmentation du capital par tête; il y a hausse des prix d'actifs, avec l'efficacité, et déficit extérieur puisque le taux d'investissement est très élevé, et l'épargne faible avec l'enrichissement. Comme on l'a vu dans le chapitre précédent, la hausse des prix d'actifs (actions, immobilier…) aux États-Unis, conduit à un surcroît d'endettement, donc à une baisse du taux d'épargne. Le déficit extérieur est nécessaire, puisque l'épargne des pays les moins avancés se dirige vers les pays avancés, attirée par l'excès de rendement du capital.

On peut donc avoir, dans les pays avancés, à la fois une forte effervescence productive, en termes réels, et des déséquilibres financiers, au moins apparents : il peut paraître bizarre qu'un pays avancé comme les États-Unis accumule de la dette extérieure et reçoive des capitaux depuis les pays moins avancés ou que les prix d'actifs s'y accroissent continûment, puisqu'on a plutôt en tête le modèle néoclassique que le modèle de croissance endogène.

Le risque majeur est sans doute l'élargissement probable des écarts de niveaux de vie s'il y a croissance endogène : l'allocation spontanée de l'épargne mondiale (de l'argent des retraites) accroît les inégalités entre groupes de pays.

Comment compenser cela ? Par des transferts publics, des incitations publiques ? Ce ne sera pas facile, parce que non relayés par les capitaux privés. Dans certains pays, par la hausse des prix des matières premières, si les pays avancés ont une croissance rapide durable, qui organise la redistribution. Pour les autres pays, seul le fait de disposer d'une forte épargne nationale permet alors de financer la croissance, c'est ce que nous avons vu dans les pays d'Asie.

La nouvelle économie s'analyse sans doute mieux avec le modèle de croissance endogène.

On peut revenir à ce stade sur le débat sur la nature de la dette extérieure des États-Unis ; une partie de cette dette a eu comme contrepartie l'excès de consommation, l'insuffisance d'épargne des ménages et est clairement à proscrire. Mais une autre partie finance du capital productif dont la productivité marginale ne faiblit apparemment pas avec l'accumulation de capital.

Si ces investissements ont effectivement une rentabilité supérieure à celle obtenue vers les autres pays, cette situation de transfert d'épargne vers les États-Unis ne doit pas inquiéter. Mais est-ce réellement le cas ? L'analyse de la période récente (2001-2002) donne quelques indications.

VIII / Que nous apprend la récession de 2000-2002 sur la nouvelle économie ?

Comme on vient de le voir, à la fin des années 1990, le débat est vif quant à la réelle portée de la nouvelle économie aux États-Unis : quelle est l'ampleur des gains de productivité ? Se transforment-ils en une hausse de la productivité globale des facteurs ? Se généralisent-ils à l'ensemble de l'économie ou se limitent-ils surtout au secteur qui produit les nouvelles technologies ? La rentabilité du capital est-elle réellement plus élevée aux États-Unis que dans les autres pays ? La valorisation boursière des entreprises de la nouvelle économie est-elle raisonnable ? Les nouvelles technologies et Internet sont-elles des technologies à tout faire (*all purpose technologies*), incorporées dans les processus de production de tous les biens, ou ajoutent-elles simplement quelques services nouveaux

L'examen de la période 2000-2002, avec la récession, la défaillance de nombreuses entreprises, la correction boursière, le recul des profits permet de répondre à certaines de ces questions.

Maintenir des gains de productivité

On peut défendre deux thèses : soit le maintien des gains de productivité élevés pendant le ralentissement économique est la preuve que ceux qui ont été observés auparavant ne sont pas simplement liés au cycle, mais au développement de la nouvelle économie ; soit ils résultent simplement de la gestion normale des cycles dans le capitalisme anglo-saxon, avec une forte pression des actionnaires pour maintenir la profitabilité même durant une récession.

Les graphiques 1 et 2 montrent que les gains de productivité restent positifs pendant le creux de la récession et réaccélèrent violemment à la fin de 2001 et au début de 2002, alors même que le taux d'utilisation des capacités est très faible et que les heures travaillées continuent à reculer. Il y a une très forte réaction des entreprises qui réduisent violemment l'emploi dans tous les secteurs, sauf les services aux particuliers, et restaurent leur productivité et leur profitabilité. L'évolution de la productivité pendant la période 2000-2002 peut donc bien refléter soit une réaction défensive des entreprises, soit l'effet permanent des investissements antérieurs en nouvelles technologies.

L'analyse économétrique montre bien cette double causalité, puisqu'on obtient (sur la période 1988-2002) :

Croissance de la productivité par tête = 0,9 + 0,44 croissance du capital
(3,6) (4,8) productif par tête

+ 0,44 variation du taux d'utilisation des capacités
(5,8)

$R^2 = 0{,}29$
Dw = 0,58

Ou :

Croissance de la productivité = -1,2 + 0,38 taux d'investissement % PIB
(1,5) (4,7)

0,53 croissance de l'emploi + 0,43 variation du taux d'utilisation
(4,2) (5,4)

$R^2 = 0{,}32$
Dw = 0,62

On voit bien apparaître à la fois des déterminants de la productivité liés à l'accumulation de capital et des déterminants liés au cycle ou à la réaction des entreprises sur l'emploi. L'effort d'investissement passé explique le maintien de gains de productivité élevés en 2001-2002, alors que l'évolution du taux d'utilisation est défavorable à la productivité.

Combien de surinvestissement ?

La hausse de l'effort d'investissement productif de 1992 à 2000 est impressionnante. Mais elle pose deux questions. La première a déjà été vue : lorsque le rapport Capital/production augmente, ce qui est le cas pour le capital en équipements, naturellement la productivité du travail augmente (avec l'intensité

GRAPHIQUE 1. — ÉTATS-UNIS : PRODUCTIVITÉ PAR TÊTE ET HORAIRE (GA EN %)

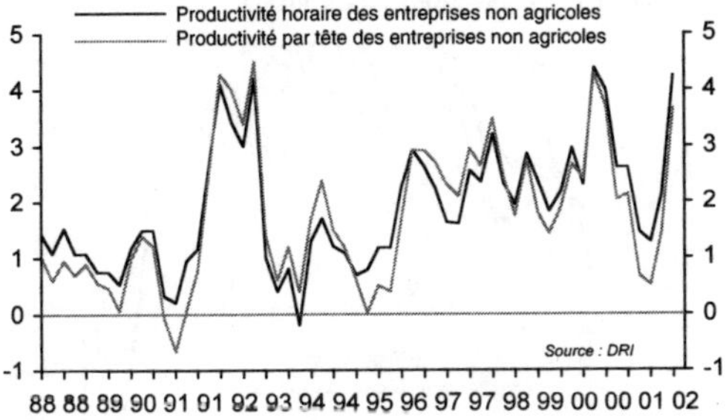

GRAPHIQUE 2. — ÉTATS-UNIS : PRODUCTIVITÉ PAR TÊTE ET HORAIRE (Q/Q ANNUALISÉ EN %, ENTREPRISES NON AGRICOLES)

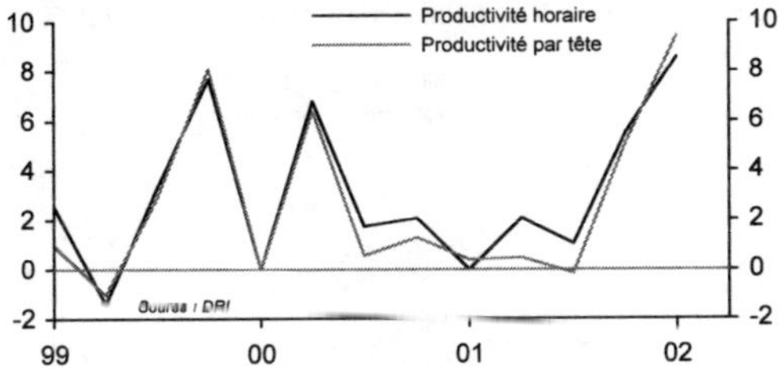

capitalistique), donc la croissance augmente. Mais cette augmentation n'est durable que si elle se transforme progressivement en une augmentation de la productivité globale des facteurs.

Beaucoup d'investissements ont été faits dans des entreprises de la nouvelle économie qui ont disparu, ou dans des entreprises qui se sont trouvées en situation d'excès massif de capacité. La capacité de production en IT croît de 40 % par an de 1996 à 2000 (graphique 3) ce qui correspond à des anticipations très optimistes de croissance future de la demande de IT. Le graphique 4 montre la hausse considérable des défaillances d'entreprises aux États-Unis à partir de 1999.

Les investissements dans ces entreprises ont disparu, ont donc été perdus ce qui doit se voir par le fait que la productivité du travail s'est accrue de manière décevante par rapport à l'intensité capitalistique. Il y a sûrement eu « gâchis » d'investissement aux États-Unis. En effet, l'accélération des gains de productivité semble être de 1 point par an, alors que l'intensité capitalistique a crû de 22 % en 6 ans ; l'efficacité de cette hausse de l'intensité capitalistique n'est

Graphique 3. — États-Unis : taux d'utilisation des capacités, capacité et productions industrielles dans les NTIC

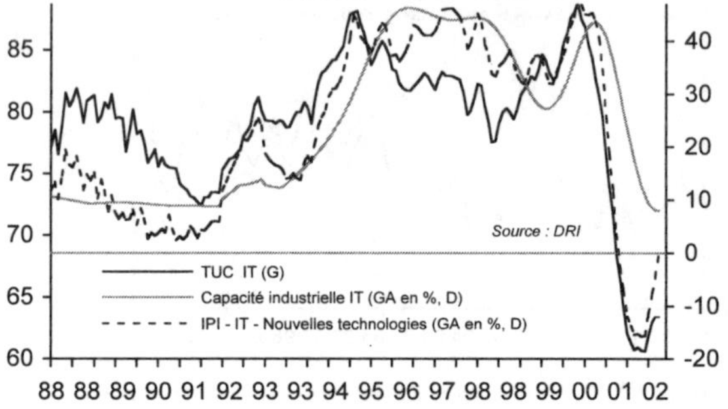

Graphique 4. — États-Unis : taux de défaillance (en %)

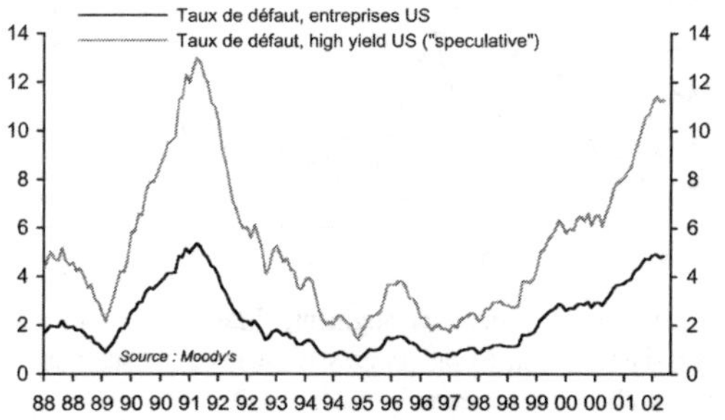

Graphique 5. — États-Unis : consommation de capital fixe (volume, en % du PIB)

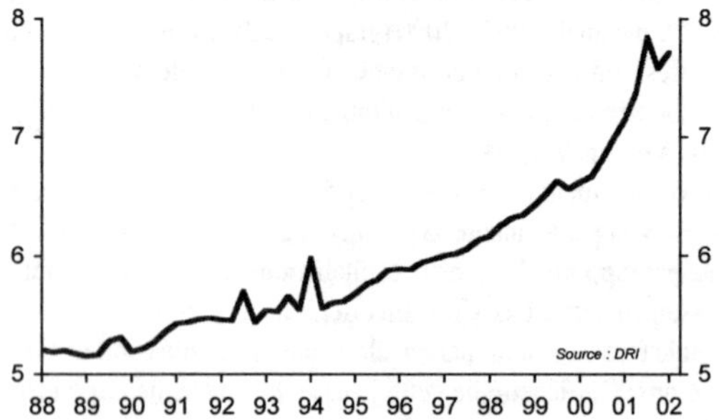

donc pas très forte. Il faut de plus, tenir compte du raccourcissement de la durée de vie des équipements qui accroît l'amortissement (graphique 5).

Même si ceci est difficile à quantifier, une partie de l'effort d'investissement des années 1990 a été perdue, soit dans des entreprises qui ont disparu, soit dans des entreprises qui ont aujourd'hui des excès de capacité. Pour l'ensemble de l'industrie, la chute très impressionnante du taux d'utilisation depuis 2000 reflète ces capacités excessives, qui progressent plus vite que la production depuis le début de 1998.

Hausse transitoire ou durable des achats de nouvelles technologies ?

Il existe deux thèses, on l'a vu en ce qui concerne l'évolution de la demande de nouvelles technologies. La thèse du besoin d'équipement « une fois pour toutes » : les nouvelles technologies rendent des services nouveaux, mais une fois que les entreprises et les ménages sont équipés, la demande se réduit même si l'investissement de remplacement est important pour des biens de durée de vie courte. La thèse de l'apparition d'une technologie « à tout faire » qui va être introduite dans les processus de production de tous les biens, ce qui prendra très longtemps, d'où une demande durablement forte pour les nouvelles technologies.

Qu'observe-t-on dans la période récente ?

Même s'il recule, le taux d'investissement en nouvelles technologies reste élevé et se stabilise au début de 2002 (graphique 6) ; la consommation des ménages en nouvelles technologies (ordinateurs) croît moins vite qu'auparavant, mais progresse encore rapidement (15 % par an) même si le taux d'équipement aux États-Unis en PC et en Internet dépasse 60 %. Curieusement, c'est la consommation de télécoms qui chute : est-ce dû à la fin des brokers en

GRAPHIQUE 6. — ÉTATS-UNIS : INVESTISSEMENT ET CONSOMMATION EN IT (VOLUME)

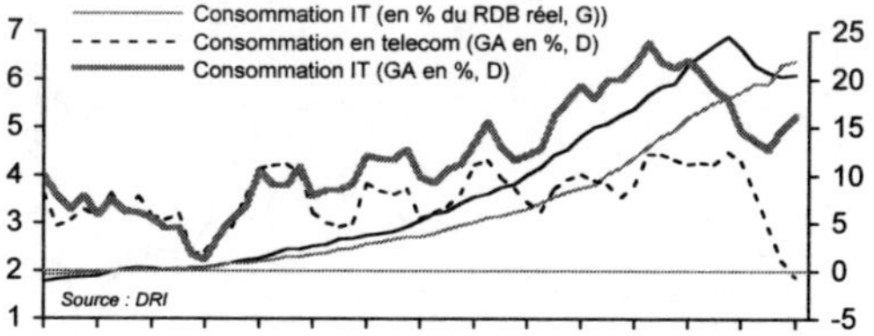

ligne avec le recul de la Bourse ? La production de IT aux États-Unis (graphique 7) chute fortement en 2001, avec la chute de l'investissement, mais se stabilise au début de 2002. Les chiffres concernant la demande de IT sont encourageants : elle reste solide, ce qui plaide plutôt pour la thèse de la poursuite du besoin d'équipement seconde des thèses décrites plus haut.

GRAPHIQUE 7. — ÉTATS-UNIS : PRODUCTION INDUSTRIELLE (IPI, VOLUME, GA EN %)

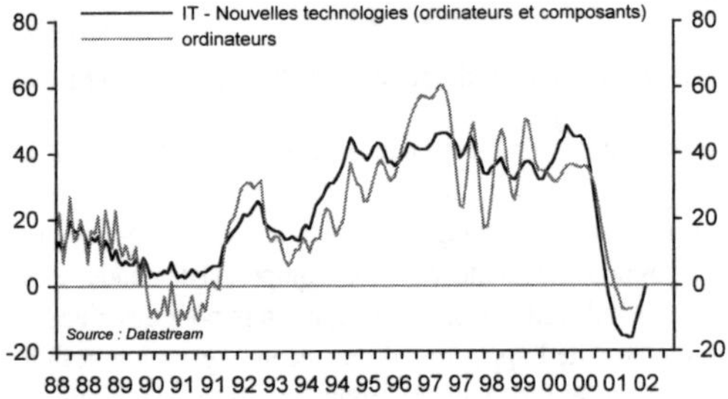

Intensité capitalistique et rentabilité du capital

On a vu plus haut la forte hausse de l'intensité du capital aux États-Unis. Avec le recul des dernières années, que peut-on dire de l'effet de cette intensité capitalistique accrue sur la rentabilité du capital ? *A priori*, à la fois le numérateur (les profits) et le dénominateur (le capital) sont accrus. Les profits économiques et les profits financiers (graphique 8) ont le même profil : hausse de 1992 à 1997, déclin de 1997 à 2000, restauration après la récession à la fin de 2001 et au début de 2002.

GRAPHIQUE 8. — ÉTATS-UNIS : PROFITS DES ENTREPRISES NON FINANCIÈRES (EN % DE LA VA)

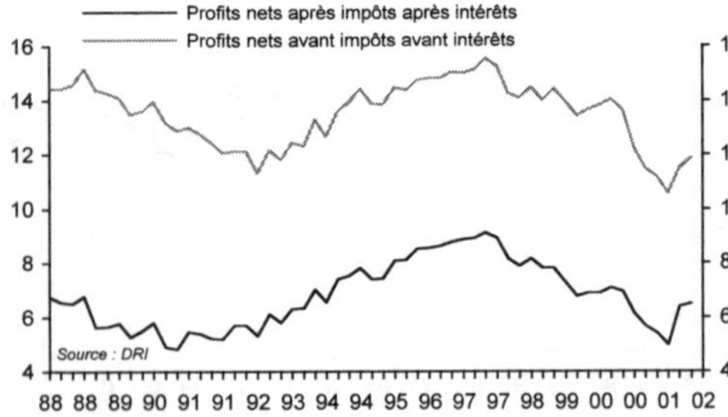

Si on corrige des effets du cycle, on voit que la profitabilité revient en 2000-2002 à son niveau de la fin de la récession de 1990-1992, ce qui est très décevant après l'effort d'accumulation du capital. Quelles sont les raisons de cette absence d'effet positif sur la profitabilité de la nouvelle économie : la hausse des amortissements, déjà vue plus haut, avec l'utilisation d'équipements de durée de vie courte; la hausse des intérêts sur la dette de 1996 à 2000, malgré la baisse des taux d'intérêt, avec la hausse de l'endettement; les tensions sur le marché du travail, spécialement pour les salariés qualifiés, qui entraînent à partir de 1998 une hausse forte du salaire réel (graphique 9). À la fin de 2001 et au début de 2002, les gains de productivité sont très élevés avec l'effort de réduction des coûts; cependant, le coût horaire réel progresse toujours de 4% par an et cette amélioration de la profitabilité n'est probablement que transitoire

On voit que, durablement, la rentabilité des investissements en nouvelles technologies risque d'être faible. Le progrès technologique n'aurait pas été capté par les producteurs et aurait été intégralement transmis aux consommateurs.

GRAPHIQUE 9. — ÉTATS-UNIS : PRODUCTIVITÉ ET COÛT DU TRAVAIL (GA EN %)

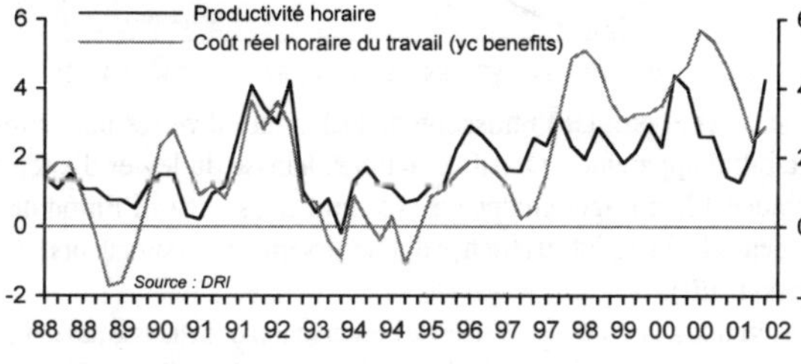

Excès financiers

Jusqu'en 2000, la valorisation boursière a été très élevée, et la distribution de crédit aux entreprises très forte, en raison, entre autres, de la conviction que la nouvelle économie allait accroître à long terme la croissance et les profits.

On s'aperçoit aujourd'hui, comme on vient de la voir, que la profitabilité économique des entreprises américaines décroît depuis 1997-1998. Pourtant, les résultats boursiers affichés sont restés élevés, de même que la valorisation boursière (graphiques 10 et 11). Le profil du bénéfice par action et PER et du ROE ne correspondent pas du tout à ceux des profits économiques après 1997.

Ceci montre que les excès financiers ont pris deux formes : la croyance irréfléchie dans la hausse de la profitabilité, sans tenir compte des contraintes macroéconomiques, par exemple celles liées au partage de la valeur ajoutée

GRAPHIQUE 10. — ÉTATS-UNIS : BÉNÉFICE PAR ACTION
(*OPERATING EARNING PER SHARE*)

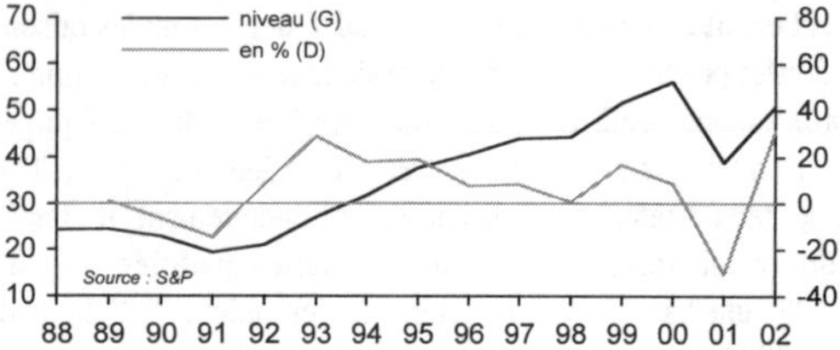

GRAPHIQUE 11. — ÉTATS-UNIS : PER ET ROE

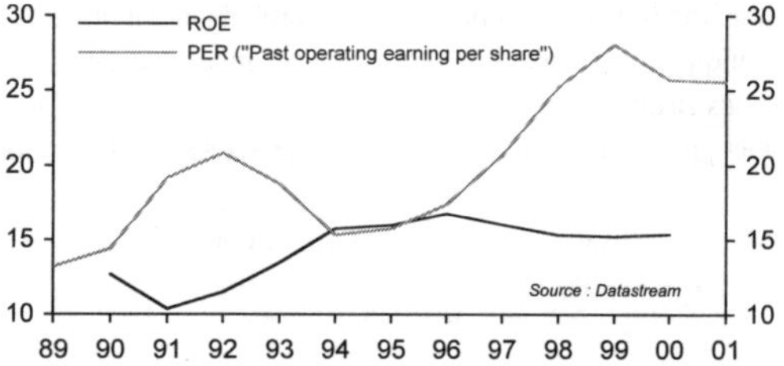

entre salaires et profits; l'utilisation de techniques diverses pour stimuler la profitabilité apparente : rachats d'actions, hausse du levier d'endettement (graphique 12) trucages comptables (comme dans le cas d'Enron découvert seulement à la fin de 2000) absence d'amortissement des survaleurs excessives (des *goodwills*).

La réaction aux excès, qui résulte de l'observation de la hausse des défaillances, vue plus haut, de la faible profitabilité, des méthodes utilisées pour cacher la réalité des comptes, des moins values sur les acquisitions est un recul très violent de la valorisation des entreprises technologiques (graphique 13), un rationnement des financements bancaires pour ces entreprises, une hausse durable des *spreads* de crédit.

La période 2000-2002 a mis à jour la surévaluation par les marchés des nouvelles technologies et les moyens utilisés pour cacher cette surévaluation.

Synthèse : perte d'attractivité des États-Unis pour les capitaux étrangers

Une des clés du modèle américain des années 1990 a été la possibilité pour les États-Unis d'attirer les capitaux étrangers, et de financer ainsi les investissements en hausse malgré l'insuffisance de l'épargne domestique qui explique les déficits courants.

GRAPHIQUE 12. — ÉTATS-UNIS : ÉMISSIONS D'ACTIONS ET DETTE DES ENTREPRISES NON FINANCIÈRES (EN % DU PIB)

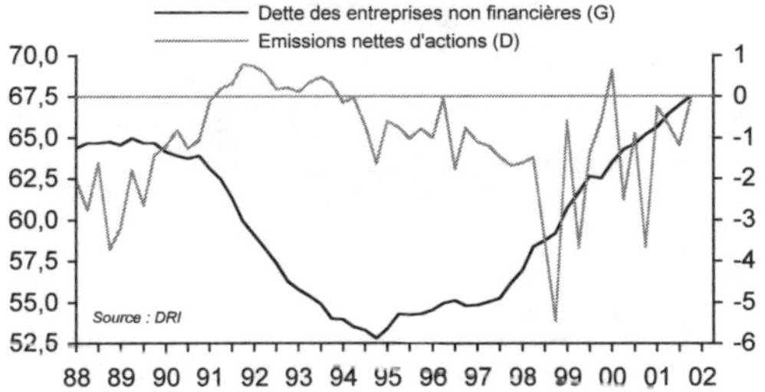

GRAPHIQUE 13. — ÉTATS-UNIS : COURS BOURSIERS

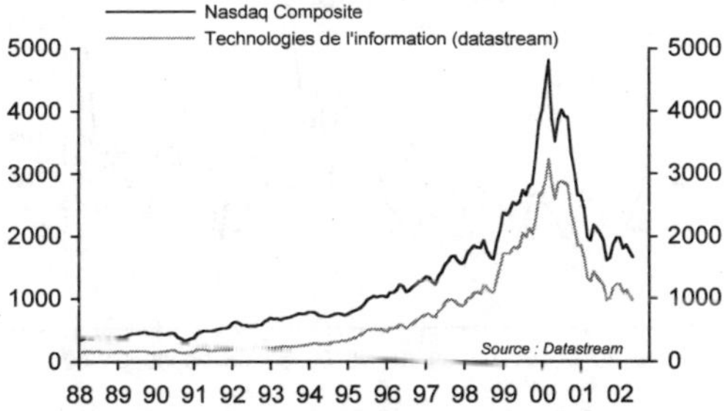

Cette attirance des États-Unis pour les capitaux étrangers résultait de la croyance en une rentabilité du capital supérieure aux États-Unis que dans le reste du monde. Cette idée devrait avoir disparu, que sont devenus les flux de capitaux ?

Les investissements directs vers les États-Unis ont disparu (graphique 14) ; les achats d'actions par les non-résidents aussi (graphique 15) ; seuls subsistent les achats d'obligations privées, et, à la fin de 2001 et pas en 2002, les achats de titres publics par les banques centrales. Ceci explique bien la configuration observée : début de recul du dollar ; recul des bourses ; stabilité des taux longs puisque les seuls achats de non-résidents qui subsistent sont ceux d'obligations privées.

Cette perte d'attractivité pour les non-résidents est raisonnable : si la nouvelle économie, et les nouvelles technologies ont eu des effets évidemment positifs sur l'économie réelle, ce n'est pas le cas de la rentabilité du capital.

GRAPHIQUE 14. — ÉTATS-UNIS : ACHATS NETS DES NON-RÉSIDENTS, INVESTISSEMENT DIRECT NET ET BALANCE COURANTE (MDS DE $)

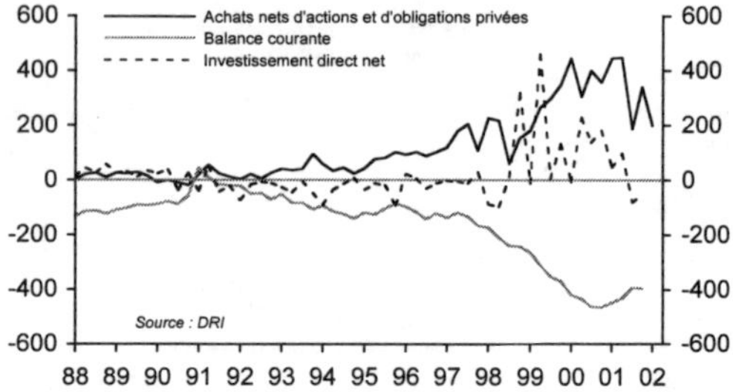

GRAPHIQUE 15. — ÉTATS-UNIS : ACHATS NETS DES NON-RÉSIDENTS (MDS DE $)

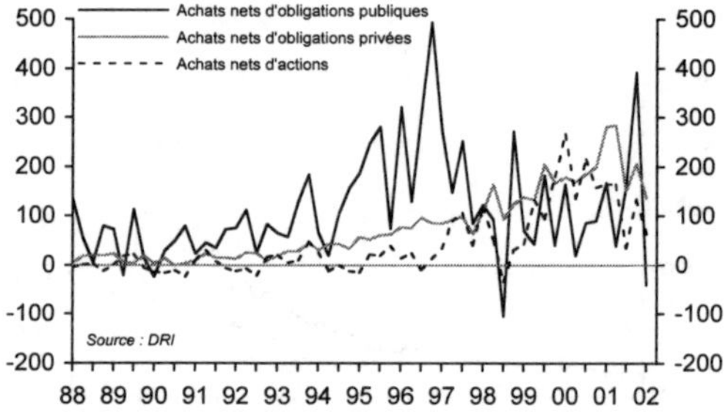

L'observation de la période 2000-2002 complète donc notre connaissance des effets de la nouvelle économie.

Une partie importante des gains de productivité se maintient, due à l'accumulation de capital ; ceci est vrai, même si une fraction des investissements est perdue dans les défaillances et les excès d'accumulation de capacité. L'achat de nouvelles technologies, par les ménages et les entreprises, reste à un niveau élevé, ce qui contredit l'idée d'une phase transitoire d'accumulation ; l'accumulation de capital a eu des effets visibles positifs sur l'économie réelle (productivité, croissance) mais pas sur la rentabilité des entreprises ; le modèle financier de la nouvelle économie est encore à mettre en place ; les excès financiers ont été massifs, en termes de valorisation, d'illusions sur la rentabilité, de manipulations financières. La fin de ces excès a aussi entraîné celle des entrées de capitaux de non-résidents.

Conclusion

Nous percevons mieux la complexité de la nouvelle économie. Elle consiste à la fois en la création de nouveaux biens et services de nouvelles demandes, de nouvelles technologies « à tout faire » comme Internet; en la réorganisation des entreprises, le renouvellement du capital productif; en l'apparition de nouveaux circuits financiers.

Elle contribue à l'accélération de la croissance et à la stabilité des prix, sans qu'on puisse lui attribuer la totalité de la responsabilité du cycle d'expansion long et non inflationniste observé aux États-Unis de 1992 à 2000, puisque d'autres mécanismes favorables (politiques économiques bien adaptées, environnement international désinflationniste) ont joué.

Le point le plus important est qu'il est probablement trop tôt pour savoir quelle est vraiment la nature de long terme de la nouvelle économie. Comme on l'a vu dans ce livre, pour l'instant, le phénomène majeur, contribuant à la croissance est l'effort d'investissement en informatique. Il a bien sûr de nombreux effets induits, en particulier sur l'organisation des entreprises, l'accroissement des prix d'actifs, les créations d'emplois…

Il est cependant prématuré de conclure soit à l'apparition d'une période limitée de croissance forte, grâce à la hausse de l'accumulation de capital, soit à celle d'une période longue de croissance, d'un cycle technologique, la diffusion des nouvelles technologies entraînant finalement l'accélération du progrès technique. La différence centrale est entre une innovation qui ne fait qu'accroître la productivité du travail et une innovation qui finit par accroître aussi la productivité globale des facteurs. Le maintien de gains de productivité élevés en 2001-2002 pendant la récession ne permet pas de trancher : il montre simplement que l'accumulation de capital a bien un effet durable sur la production.

Il est aussi prématuré de conclure soit que la nouvelle économie va rester un phénomène spécifiquement américain, soit va se diffuser de manière identique dans le reste du monde.

Un point rassurant est qu'on ne peut pas attribuer à la nouvelle économie l'ouverture des inégalités salariales, au contraire, ce qui rend son extension à d'autres pays d'autant plus désirable.

Il faut enfin réaliser à quel point la vision simpliste de la nouvelle économie, qui la réduit aux sociétés de commerce en ligne sur Internet, est fausse. Bien plus important est le développement des technologies nouvelles dans l'ensemble de la vieille économie, la diffusuion vers des secteurs autres que ceux qui produisent ou utilisent naturellement les nouvelles technologies.

Rappelons un message important : il n'y a pas de séparation entre la nouvelle et la vieille économie. L'essentiel du surcroît de croissance ne vient pas de la croissance du secteur producteur des nouvelles technologies, mais de l'amélioration de l'efficience du capital productif dans l'ensemble de l'économie grâce à l'incorporation des nouvelles technologies dans ce capital.

Certains commentateurs ou certaines opinions publiques limitent la nouvelle économie à ses épiphénomènes les plus visibles : intensité d'utilisation du téléphone portable par exemple. C'est une grave erreur d'analyse commise par exemple au Japon. On peut avoir un des taux de pénétration de la téléphonie mobile les plus élevés du monde, et en même temps ne pas avoir de nouvelle économie parce que les entreprises sont figées, utilisent les organisations traditionnelles, ne modernisent pas leur capital.

Il nous paraît important de terminer par trois messages. D'une part, quels indicateurs faut-il surveiller aux États-Unis pour savoir si la nouvelle économie est bien un cycle technologique long impliquant finalement une hausse de la productivité globale des facteurs ?

L'analyse de la période 2001-2002 montre le maintien d'un niveau élevé de gains de productivité malgré un recul d'un niveau élevé d'investissements des entreprises et d'achats de nouvelles technologies par les entreprises. Ceci va dans le sens de l'hypothèse de cycle technologique assez long. Le second message est que, si le modèle réel de la nouvelle économie apparaît assez clairement, le modèle financier est loin d'être établi : la hausse de l'intensité du capitalisme n'a pas été suivie d'une hausse de la part des profits ; les valorisations des entreprises ne sont toujours pas en 2002 revenues à un niveau normal.

Par ailleurs, il nous semble important d'analyser les causes du succès ou de retard des pays européens, pour rester dans le cadre de pays moins différents entre eux que l'Europe et les États-Unis.

Le cas de la Suède nous paraît particulièrement intéressant.

L'avance technologique de la Suède

Le tableau 1 montre que les dépenses totales en nouvelles technologies représentent 8 % du Produit intérieur brut aux États-Unis, entre 4 et 6 % pour les quatre grands pays européens ; la part de l'investissement en nouvelles technologies dans l'investissement total est de 20 % environ aux États-Unis, 10 % environ dans la zone euro. Cependant, la Suède devance les États-Unis, avec des dépenses de nouvelles technologies pratiquement doubles de celles des quatre grands pays de la zone euro.

TABLEAU 1. — DÉPENSES EN NOUVELLES TECHNOLOGIES DE L'INFORMATION ET DE LA COMMUNICATION (NTIC)

	Dépenses de NTI (% PIB)	Investissement des entreprises en NTIC, en % du total de l'investissement
Suède	8,3	21,0
États-Unis	7,9	19,9
Royaume-Uni	7,5	18,3
Japon	7,4	8,1
Pays-Bas	7,0	n.d.
France	6,3	10,9
Allemagne	5,5	10,9
Italie	4,3	9,6
Espagne	4,1	8,5

Source : OCDE, 2000.

On a vu plus haut que les taux d'équipement des ménages en accès à Internet ou en téléphones portables sont au moins aussi élevés en Scandinavie qu'aux États-Unis, beaucoup plus élevés que dans les grands pays de la zone euro en ce qui concerne Internet. Il en est de même pour les dépenses de recherche-développement (tableau 2), très élevées en Suède, beaucoup plus que dans la moyenne de l'Union européenne.

TABLEAU 2. — DÉPENSES DE RECHERCHE-DÉVELOPPEMENT PAR HABITANT (DOLLARS DE PARITÉ DE POUVOIR D'ACHAT, 1999)

Suède	876	Pays-Bas	531
Danemark	558	Espagne	162
Finlande	727	Royaume-Uni	428
France	486	États-Unis	896
Allemagne	580	OCDE	502
Italie	240	UE	418
Japon	751		

Source : OCDE, 2001.

TABLEAU 3. — NOMBRE DE BREVETS DÉPOSÉS POUR 10000 HABITANTS (1997)

Suède	4,7	Pays-Bas	1,6
Danemark	2,5	Espagne	0,6
Finlande	4,6	Royaume-Uni	3,1
France	2,2	États-Unis	4,5
Allemagne	5,5	UE	2,5
Italie	1,2		

Source : OCDE.

L'avance technologique de la Suède est donc claire, ce qui se voit aussi dans « l'indicateur de créativité », c'est-à-dire le nombre de brevets déposés par habitants (tableau 3).

La situation macroéconomique de la Suède est aussi très favorable, plus proche par certains aspects de celle des États-Unis que de celle de la France ou de l'Allemagne. Le graphique 1 montre qu'il y a en Suède, depuis 1997 et jusqu'à la fin de 2000, une accélération continue de la croissance et de l'investissement productif. Celui-ci, augmente de 5 à 16% par an, nettement plus qu'en France ou en Allemagne. Cependant, le départ a été tardif et le recul de 1996-1997 assez sévère : ceci explique pourquoi le stock de capital en Suède n'augmente encore que modérément plus qu'en France ou en Allemagne (4% par an contre 3%) et pourquoi les gains de productivité sont encore assez loin de ceux des États-Unis (3% par an contre 4%). Il faut se rappeler l'importance de la crise qui a traversé les pays scandinaves en 1992-1993, avec la crise financière, la chute de l'URSS, donc comprendre le démarrage tardif (1997 en fait contre 1993 aux États-Unis) du processus d'accumulation de capital, qui n'a pas encore eu le temps, compte tenu des délais, d'avoir un effet visible sur la productivité du travail. Cependant, l'accélération

GRAPHIQUE 1. — SUÈDE : CROISSANCE, CONSOMMATION ET INVESTISSEMENT PRODUCTIF (VOLUME, GA EN %)

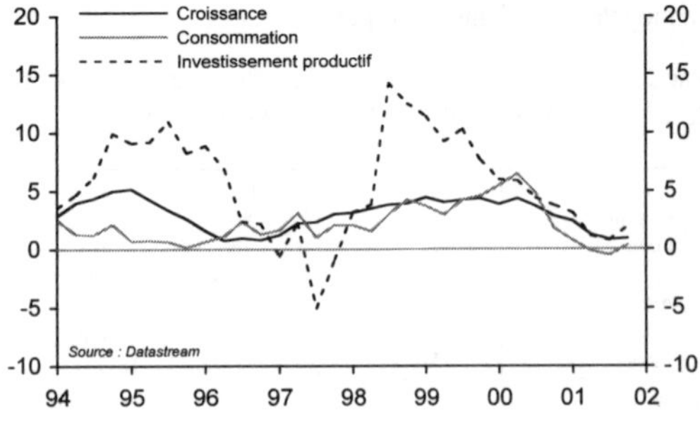

des investissements et de la croissance, le niveau très élevé de l'investissement en nouvelles technologies, convainquent que la Suède se place, avec retard, sur une trajectoire similaire à celle des États-Unis, ce qui n'est pas encore le cas des grands pays de la zone euro.

Cette situation de la Suède est très intéressante ; c'est une exception en Europe, surtout du point de vue du développement des nouvelles technologies, aussi bien du côté des consommateurs que des entreprises, et pourtant la Suède n'a pas du tout *a priori* les caractéristiques attendues : avec la tradition sociale démocrate, même un peu abandonnée récemment, la pression fiscale est la plus élevée des pays de l'OCDE (56,9 % du PIB contre 36,8 % pour l'ensemble de l'OCDE et 44,7 % pour l'Union européenne) ; la proportion de l'emploi public dans l'emploi total est aussi la plus élevée (33,4 % contre 24 % pour l'ensemble de l'OCDE, 24,8 % en Allemagne et aux États-Unis) : l'amaigrissement de l'État n'est pas une condition nécessaire, contrairement à une idée reçue pour bénéficier de la nouvelle économie. Il est donc très tentant de rechercher les causes de l'avance suédoise.

On n'observe pas de causes macroéconomiques ou liées à la flexibilité du marché du travail à l'avance de la Suède.

Commençons par la politique économique. Les taux d'intérêt réels sont plus élevés en Suède qu'aux États-Unis ou en Europe, ce qui est lié au niveau très faible du taux d'inflation. Les excédents du secteur public sont presque aussi importants en Suède qu'aux États-Unis, alors qu'il y a toujours un déficit public en Allemagne et en France.

Le graphique 2 montre qu'il y a eu une violente dépréciation réelle de la couronne suédoise au moment de la crise de 1993, que, de la fin de 1993 à 2000, la parité réelle de la couronne est restée à peu près stable avant de s'apprécier. L'avantage compétitif qui a résulté de la dépréciation de 1993 est

GRAPHIQUE 2. — TAUX DE CHANGE EFFECTIF RÉEL (BASE 100 EN 1992)

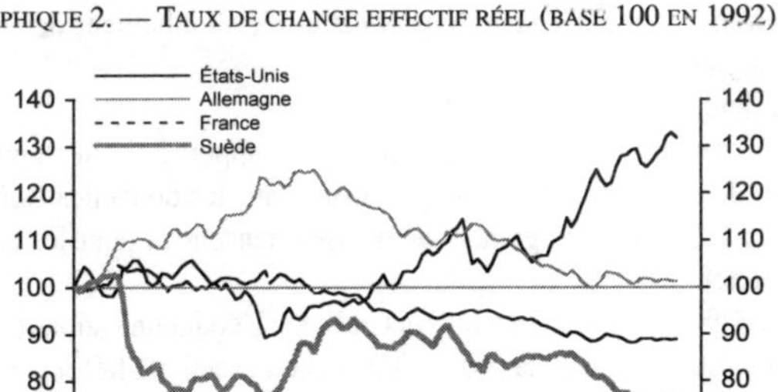

si ancien qu'il ne doit plus avoir effet aujourd'hui ; de 1994 à aujourd'hui, la compétitivité réelle de la Suède s'est dégradée par rapport à l'Allemagne et à la France.

Les politiques économiques semblent donc n'avoir aucun effet sur la bonne performance, décrite plus haut, de la Suède depuis 1997. Une rigueur salariale particulière n'a pas joué non plus, au contraire. Le salaire réel a progressé de 2 à 4 % par an en Suède depuis 1997, un peu plus rapidement qu'aux États-Unis, beaucoup plus rapidement qu'en France ou en Allemagne. La flexibilité du travail aux sens usuels ne semble pas non plus essentielle à la Suède qui n'a par exemple pas plus de salariés à temps partiel que les autres pays européens (tableau 4).

TABLEAU 4. — PROPORTION DU TRAVAIL À TEMPS PARTIEL DANS L'EMPLOI TOTAL (%, 1999)

Suède	14,5	Pays-Bas	30,4
Danemark	15,3	Espagne	7,9
Finlande	9,9	Royaume-Uni	23,0
France	14,7	États-Unis	13,3
Allemagne	17,1	OCDE	15,8
Italie	11,8	UE	16,4
Japon	24,1		

Source : OCDE.

Le degré de protection de l'emploi (qui mesure la difficulté ou le coût des licenciements), est très élevé en Suède ; l'OCDE le mesure sur une échelle qui va de 0 à 4 (très forte protection), et la Suède se situe à 2,8, comme la France, contre 1,0 au Royaume-Uni et 0,2 aux États-Unis.

Ce n'est pas probablement dans les mécanismes macroéconomiques ou la flexibilité du marché du travail qu'il faut chercher les causes de l'avance de la Suède.

L'environnement y semble propice au développement des nouvelles technologies.

Plusieurs points attirent l'attention.

– Le très important développement, par rapport à l'Allemagne ou à la France, des marchés boursiers spécialisés dans les nouvelles technologies (graphique 3) d'où une grande facilité de financement pour les entreprises de ce secteur.

– Le faible coût d'accès à Internet ou aux télécommunications (tableau 5). La proportion élevée de la population ayant une activité liée à la recherche-développement : la Suède compte 15 salariés faisant de la recherche pour 1 000 habitants, contre 9,5 pour la moyenne de l'Union européenne.

GRAPHIQUE 3. — CAPITALISATION SECTEUR NOUVELLES TECHNOLOGIES

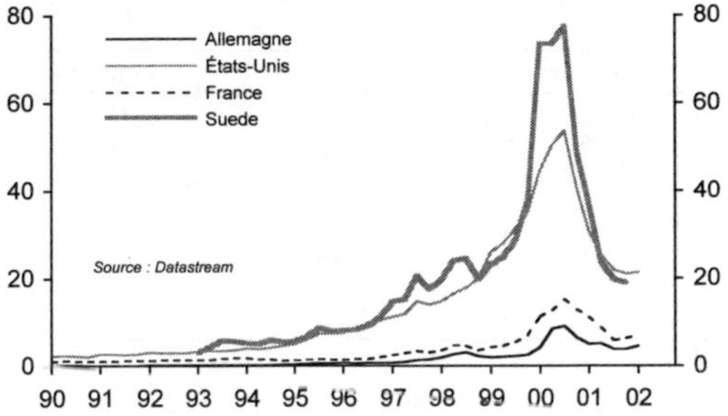

Enfin, l'importance des dépenses publiques actives en faveur de l'emploi est certainement un facteur majeur de requalification de la population : près de 60 % des dépenses publiques pour l'emploi sont des dépenses actives en Suède, contre 40 % en France et en Allemagne, 30 % en Espagne ou au Royaume-Uni.

L'importance des liens entre les entreprises, les universités et la recherche est sans doute au centre du modèle suédois. Le tableau 6 montre qu'en Suède, la recherche est surtout financée par les entreprises (ce qui n'est pas le cas en France, en Italie ou en Espagne), et de ce fait, elle est très largement réalisée dans les entreprises. Probablement, de ce fait, le passage de la recherche fondamentale au développement et à la production est plus aisé que dans les pays où le poids de la recherche publique est plus important.

L'avance de la Suède remet en cause les idées acquises : la pression fiscale, le poids de l'État sont très importants, le marché du travail peu flexible, les politiques macroéconomiques pas plus favorables qu'ailleurs.

TABLEAU 5. — COÛT D'ACCÈS À INTERNET (EN DOLLARS) POUR 20 HEURES

Suède	39
Nouvelle-Zélande	42
Australie	38
États-Unis	33
Suisse	73
Royaume-Uni	55
Japon	83
Pays-Bas	53
France	58
Allemagne	67
Italie	66
Espagne	86

Source : OCDE.

TABLEAU 6. — ORIGINE DU FINANCEMENT DE LA RECHERCHE-DÉVELOPPEMENT (1997, 1998 OU 1999, %)

	Entreprises	État		Entreprises	État
Suède	68	25	Corée	72	23
Canada	49	31	Pays-Bas	46	39
Danemark	53	36	Espagne	50	39
Finlande	64	30	Royaume-Uni	47	31
France	50	40	États-Unis	68	28
Allemagne	62	36	OCDE	63	31
Italie	44	51	U.E.	54	37
Japon	73	19			

Source : OCDE.

Cette avance semble plutôt due à un effort collectif (entreprises, universités, institutions de formation...) pour accroître la qualité et la taille de la population active, l'intensité et l'efficacité de la recherche, la facilité de l'accès aux nouvelles technologies et du financement des entreprises de ce secteur. Il est intéressant d'opposer, dans le cas de la Suède, le poids de l'État, au niveau macroéconomique, et l'importance du rôle des entreprises, au niveau microéconomie de la recherche et du développement des nouvelles technologies. Il faudra donc examiner si les autres pays européens prennent la même voie.

Références

ACEMOGLU D. (1998), « Why do new technologies complement skills ? Directed technical change and wage inequality », *Quarterly Journal of Economics*, novembre, p. 1055-1090.

— (2000), « Technical Change Inequality, and the Labor Market » *NBER Working Paper*, n° 7800, juillet.

BARTEL A. and SICHERMAN N. (1999), « Technological Change and Wages : An Interindustry Analysis », *Journal of Political Economy*, n° 107 (2), 285-325.

BERMAN E., BOUND J., and GRILICHES Z. (1994) « Changes in the Demand for Skilled Labor within US Manufacturing Industries : Evidence from the Annual Survey of Manufacturing », *Quarterly Journal of Economics*, mai.

BRENDER A., PISANI F. (1999) « Le nouvel âge de l'économie américaine », Economica.

BRESNAHAN T., BRYNJOLFSSON E., HITT L. (1999) « Information Technology, Workplace organisation and the Demand for Skilled-Labor : Firm-level Evidence » *NBER Working Paper*, n° 7136.

BUREAU OF LABOR STATISTICS (1997) « Report on the American Work Force », Washington DC.

CONSEIL D'ANALYSE ÉCONOMIQUE (2000), Nouvelle économie D. Cohen et M. Debonneuil.

COUNCIL OF ECONOMIC ADVISIORS (1999), « Economic Report to the President », février, Washington DC.

COUNCIL OF ECONOMIC ADVISORS (2000), « Economic Report to the President », Washington DC.

DAVID P. (1990), « The Dynamo and the Computer : an Historical Perspective on the modern productivity paradox » *The American Economic Review*, vol. 80, n° 2, p. 355-361.

DAVID P. (2000), « Understanding Digital Technology's Evolution and the Path of Measured Productivity

Growth : Present and future in the Mirror of the Past », *Stanford Institute for Economic Policy Research,* n° 99-11, janvier.

DUVAL R. (2000), « Quel crédit faut-il accorder à la "nouvelle économie" américaine ? » document de travail, direction de la Prévision, juillet 2000.

GOLDIN C., KATZ L. (1996), « The Origins of Technology-Skill Complementarity », *NBER Working paper,* n° 5657, juillet.

GOLDIN C., KATZ L. (1999), « The returns to skill in the United States across the Twenthieth Century », *NBER Working paper,* n° 7126, mai.

GORDON R. (1999), « Has the New Economy rendered the productivity slowdown obsolete ? » (sur le site web de R. GORDON).

GORDON R. (2000), « Does the New Economy measure up to the great Inventions of the Past ? », *NBER Working Paper,* n° 7833, août.

HELPMAN E. (1998), *General Purpose Technologies and Economic Growth,* MIT Press, Cambridge, Ma.

HOXBY C., TERRY B. (1999), « Explaining rising income and wage inequality among the college educated », *NBER Working paper*, n° 6873, janvier.

INSEE (2000), *L'Économie française,* édition 2000-2001.

JORGENSON D., J. STIROH (2000), « Raising the Speed Limit : US Economic Growth in the Information Age », *Brookings Papers on Economic Activity,* n° 1.

KATZ L., AUTOR D. (1998), « Changes in the wage structure and Earnings Inequality » *in* O. ASHENFELTER, D. CARD (eds.) *The Handbook of Labor Economics,* vol. III, Elsevier, Amsterdam.

KATZ L., and KRUEGER A. (1998), « The High-Pressure US Labor Market of the 1990s », *Brooking Papers in Economic Activity* 0 (1), 1-65.

MINCER J., DANNINGER S. (2000), « Technology, Unemployment and inflation », *NBER Working Paper,* n° 7817, juillet.

OCDE, Statistiques de l'emploi et de l'éducation (différentes années).

OCDE , Statistiques de la recherche et de la technologie (différentes années).

OLINER S., D. SICHEL (2000), « The Resurgence of Growth in the Late 1990s : is Information Technology the Story ? », *Federal Reserve Board Finance and Economics, Discussion Series,* n° 2000/20, mai.

RUBINSTEIN Y., TSIDDON D. (1999), « Coping with technological progress : the role of ability in making inequality so persistent », *CEPR Discussion paper,* n° 2153, mai.

US. CENSUS BUREAU (1999), « Money Income in the United States, 1998 », septembre.

US. DEPARTMENT OF COMMERCE (1999) « The Emerging Digital Economy II », juin.

Table

Table des graphiques et tableaux

Chapitre I

Chapitre II

Chapitre III

Chapitre IV

Chapitre V

Chapitre VI

Chapitre VII

Chapitre VIII

Conclusion

Collection

R E P È R E S

dirigée par
JEAN-PAUL PIRIOU

avec BERNARD COLASSE, PASCAL COMBEMALE, FRANÇOISE DREYFUS, HERVÉ HAMON, DOMINIQUE MERLLIÉ *et* CHRISTOPHE PROCHASSON

Analyse financière de l'entreprise (L'),
n° 153, Bernard Colasse.
Bourse (La),
n° 317, Daniel Goyeau et Amine Tarazi.
Budget de l'État (Le),
n° 33, Maurice Baslé.
Calcul des coûts dans les organisations (Le),
n° 181, Pierre Mévellec.
Capitalisme financier (Le),
n° 356, Laurent Batsch.
Capitalisme historique (Le),
n° 29, Immanuel Wallerstein.
Chômage (Le),
n° 22, Jacques Freyssinet.
Commerce international (Le),
n° 65, Michel Rainelli.
Comptabilité anglo-saxonne (La),
n° 201, Peter Walton.
Comptabilité en perspective (La),
n° 119, Michel Capron.
Comptabilité nationale (La),
n° 57, Jean-Paul Piriou.
Concurrence imparfaite (La),
n° 146, Jean Gabszewicz.
Conditions de travail (Les),
n° 301, Michel Gollac et Serge Volkoff.
Consommation des Français (La) : **1.** n° 279 ;
2. n° 280, Nicolas Herpin et Daniel Verger.
Contrôle budgétaire (Le),
n° 340, Nicolas Berland.
Contrôle de gestion (Le),
n° 227, Alain Burlaud, Claude J. Simon.
Coût du travail et emploi,
n° 241, Jérôme Gautié.
Critique de l'organisation du travail,
n° 270, Thomas Coutrot.
Démographie (La),
n° 105, Jacques Vallin.
Développement économique de l'Asie orientale (Le), n° 172, Éric Bouteiller et Michel Fouquin.
Économie bancaire,
n° 268, Laurence Scialom.
Économie de l'Afrique (L'),
n° 117, Philippe Hugon.
Économie de l'environnement,
n° 252, Pierre Bontems et Gilles Rotillon.
Économie de l'euro,
n° 336, Agnès Benassy-Quéré et Benoît Cœuré.
Économie française 2002 (L'),
n° 332, OFCE.
Économie de l'innovation,
n° 259, Dominique Guellec.
Économie de la connaissance (L'),
n° 302, Dominique Foray.
Économie de la culture (L'),
n° 192, Françoise Benhamou.
Économie de la drogue (L'),
n° 213, Pierre Kopp.
Économie de la presse,
n° 283, Patrick Le Floch et Nathalie Sonnac.
Économie de la réglementation (L'),
n° 238, François Lévêque.
Économie des États-Unis (L'),
n° 341, Hélène Baudchon et Monique Fouet.
Économie des inégalités (L'),
n° 216, Thomas Piketty.
Économie des organisations (L'),
n° 86, Claude Menard.
Économie des relations interentreprises (L'),
n° 165, Bernard Baudry.
Économie des réseaux,
n° 293, Nicolas Curien.
Économie des ressources humaines,
n° 271, François Stankiewicz.
Économie des services (L'),
n° 113, Jean Gadrey.
Économie du droit,
n° 261, Thierry Kirat.
Économie du Japon (L'),
n° 235, Évelyne Dourille-Feer.
Économie du sport (L'),
n° 309, Jean-François Bourg et Jean-Jacques Gouguet.
Économie et écologie,
n° 158, Frank-Dominique Vivien.
Économie informelle dans le tiers monde (L'),
n° 155, Bruno Lautier.
Économie mondiale 2003 (L'),
n° 348, CEPII.
Économie sociale (L'),
n° 148, Claude Vienney.
Emploi en France (L'),
n° 68, Dominique Gambier et Michel Vernières.
Éthique dans les entreprises (L'),
n° 263, Samuel Mercier.
Éthique économique et sociale,
n° 300, Christian Arnsperger et Philippe Van Parijs.
Évaluation des politiques publiques (L'),
n° 329, Bernard Perret.
FMI (Le),
n° 133, Patrick Lenain.
Formation professionnelle continue (La),
n° 28, Claude Dubar.
France face à la mondialisation (La),
n° 248, Anton Brender.
Grandes économies européennes (Les),
n° 256, Jacques Mazier.
Histoire de l'Europe monétaire,
n° 250, Jean-Pierre Patat.

Société du risque (La),
n° 321, Patrick Peretti Watel.
Sociologie de Durkheim (La),
n° 154, Philippe Steiner.
Sociologie de Georg Simmel (La),
n° 311, Frédéric Vandenberghe.
Sociologie de l'architecture,
n° 314, Florent Champy.
Sociologie de l'art,
n° 328, Nathalie Heinich.
Sociologie de l'éducation,
n° 169, Marlaine Cacouault et Françoise Œuvrard.
Sociologie de l'emploi,
n° 132, Margaret Maruani et Emmanuèle Reynaud.
Sociologie de l'organisation sportive,
n° 281, William Gasparini.
Sociologie de la bourgeoisie,
n° 294, Michel Pinçon et Monique Pinçon-Charlot.
Sociologie de la consommation,
n° 319, Nicolas Herpin.
Sociologie de la négociation,
n° 350, Reynald Bourque et Christian Thuderoz.
Sociologie de la prison,
n° 318, Philippe Combessie.
Sociologie de Marx (La),
n° 173, Jean-Pierre Durand.
Sociologie de Norbert Elias (La),
n° 233, Nathalie Heinich.
Sociologie des cadres,
n° 290, Paul Bouffartigue et Charles Gadea.
Sociologie des entreprises,
n° 210, Christian Thuderoz.
Sociologie des mouvements sociaux,
n° 207, Erik Neveu.
Sociologie des organisations,
n° 249, Lusin Bagla-Gökalp.
Sociologie des relations internationales,
n° 335, Guillaume Devin.
Sociologie des relations professionnelles,
n° 186, Michel Lallement.
Sociologie des syndicats,
n° 304, Dominqiue Andolfatto et Dominique Labbé.
Sociologie du droit,
n° 282, Évelyne Séverin.
Sociologie du journalisme,
n° 313, Erik Neveu.
Sociologie du sida,
n° 355, Claude Thiaudière.
Sociologie du sport,
n° 164, Jacques Defrance.
Sociologie du travail (La),
n° 257, Sabine Erbès-Seguin.
Sociologie économique (La),
n° 274, Philippe Steiner.
Sociologie historique du politique,
n° 209, Yves Déloye.
Sociologie de la ville,
n° 331, Yankel Fijalkow.
Sondages d'opinion (Les),
n° 38, Hélène Meynaud et Denis Duclos.
Stratégies des ressources humaines (Les),
n° 137, Bernard Gazier.
Système éducatif (Le),
n° 131, Maria Vasconcellos.
Système monétaire international (Le),
n° 97, Michel Lelart.
Taux de change (Les),
n° 103, Dominique Plihon.
Taux d'intérêt (Les),
n° 251, A. Benassy-Quéré, L. Boone et V. Coudert.
Taxe Tobin (La),
n° 337, Yves Jegourel.
Théorie de la décision (La),
n° 120, Robert Kast.
Théories économiques du développement (Les),
n° 108, Elsa Assidon.
Théorie économique néoclassique (La) :
1. Microéconomie, n° 275,
2. Macroéconomie, n° 276, Bernard Guerrien.
Théories de la monnaie (Les),
n° 226, Anne Lavigne et Jean-Paul Pollin.
Théories des crises économiques (Les),
n° 56, Bernard Rosier.
Théories du salaire (Les),
n° 138, Bénédicte Reynaud.
Théories sociologiques de la famille (Les),
n° 236, Catherine Cicchelli-Pugeault et Vincenzo Cicchelli.
Tiers monde (Le),
n° 53, Henri Rouillé d'Orfeuil.
Travail des enfants dans le monde (Le),
n° 265, Bénédicte Manier.
Travail et emploi des femmes,
n° 287, Margaret Maruani.
Travailleurs sociaux (Les),
n° 23, Jacques Ion et Bertrand Ravon.
Union européenne (L'),
n° 170, Jacques Léonard et Christian Hen.

Dictionnaires

R E P È R E S

Dictionnaire de gestion, Élie Cohen.
Dictionnaire d'analyse économique, *microéconomie, macroéconomie, théorie des jeux, etc.*, Bernard Guerrien.

Composition : Dominique Dudouble, INGED, 76840 Hénouville
Achevé d'imprimer en septembre 2002 sur les presses
de l'imprimerie Campin, Tournai (Belgique)
Dépôt légal : octobre 2002.